André Busche

Waffensachkunde -

Materialsammlung zum Lehrbuch zur Waffensachkundeprüfung mit Übungsfragen zur Selbstkontrolle

Waffengesetz und AWaffV mit Anlagen im Volltext mit Hervorhebung der wesentlichen Normeninhalte sowie Auszüge aus Beschußgesetz, Beschußverordnung, StGB und StPO

Empfohlen für Selbstunterricht und Vorbereitung auf die Waffen-Sachkundeprüfung nach § 7 WaffG für Sportschützen, Sammler, Waffenscheinbewerber und Jäger sowie Wassersport und Bewachungsgewerbe

Bibliografische Information der Deutschen Nationalbibliothek

Die Deutsche Nationalbibliothek verzeichnet diese Publikation in der Deutschen Nationalbibliografie; detaillierte bibliografische Daten sind im Internet über http://dnb.d-nb.de abrufbar.

Herstellung und Verlag: Books on Demand, Norderstedt

Alle Hinweise und Angaben in diesem Buch wurden vom Autor sorgfältig recherchiert. Trotzdem kann keine Gewähr für die Richtigkeit der Angaben gegeben werden.

Die Informationen zu Recht und verwandten Themen dienen der allgemeinen Information und nicht der Beratung im Falle eines individuellen rechtlichen Anliegens. Verwenden Sie daher die hier bereitgestellten Informationen niemals als alleinige Quelle für rechtsbezogene Entscheidungen und ziehen Sie weitere Informationsquellen hinzu.

Geschrieben in alter Rechtschreibung.

4. Auflage

MMX/XII

ISBN-13: 978-3837067170

9 783837 067170

Für Aktualisierungen und Downloads:

www.juristischer-fachverlag.de

Gesetzestexte

Das Waffengesetz (WaffG)

Stand: 25.7.2009

Hinweis: Die nach **Inkrafttreten der Waffengesetzänderung 2009 eingefügten** oder **veränderten** Passagen sind im folgenden Text *kursiv* gesetzt. Bei **Austausch vollständiger Absätze** sind diese als Alternative in *kursiver* Schrift angegeben. Auf den **Wegfall** einzelner Passagen oder Absätze wird individuell hingewiesen. Außerdem wird der betroffene Bereich durch seitliche **Anstreichungen** kenntlich gemacht.

§ 1 Gegenstand und Zweck des Gesetzes, Begriffsbestimmungen

(1) Dieses Gesetz regelt den **Umgang** mit Waffen oder Munition unter Berücksichtigung der Belange der öffentlichen Sicherheit und Ordnung.

(2) **Waffen** sind

1. Schußwaffen oder ihnen gleichgestellte Gegenstände und

2. tragbare Gegenstände,

a) die **ihrem Wesen nach dazu bestimmt** sind, die **Angriffs- oder Abwehrfähigkeit** von **Menschen** zu beseitigen oder herabzusetzen, insbesondere Hieb- und Stoßwaffen;

b) die, **ohne dazu bestimmt** zu sein, insbesondere **wegen ihrer Beschaffenheit, Handhabung oder Wirkungsweise geeignet** sind, die Angriffs- oder Abwehrfähigkeit von Menschen zu beseitigen oder herabzusetzen, und die **in diesem Gesetz genannt** sind.

(3) **Umgang** mit einer Waffe oder Munition hat, wer diese erwirbt, besitzt, überläßt, führt, verbringt, mitnimmt, damit schießt, herstellt, bearbeitet, instand setzt oder damit Handel treibt.

(4) Die **Begriffe** der Waffen und Munition sowie die **Einstufung** von Gegenständen nach Absatz 2 Nr. 2 Buchstabe b als Waffen, die Begriffe der Arten des Umgangs und sonstige waffenrechtliche Begriffe sind in der **Anlage 1** (Begriffsbestimmungen) zu diesem Gesetz näher geregelt.

§ 2 Grundsätze des Umgangs mit Waffen oder Munition, Waffenliste

(1) Der **Umgang** mit Waffen oder Munition ist nur Personen gestattet, die das **18.Lebensjahr** vollendet haben.

(2) Der Umgang mit Waffen oder Munition, die in der Anlage 2 (Waffenliste) Abschnitt 2 zu diesem Gesetz genannt sind, bedarf der Erlaubnis.

(3) Der Umgang mit Waffen oder Munition, die in der Anlage 2 Abschnitt 1 zu diesem Gesetz genannt sind, ist verboten.

(4) Waffen oder Munition, mit denen der Umgang ganz oder teilweise von der Erlaubnispflicht oder von einem Verbot ausgenommen ist, sind in der Anlage 2 Abschnitt 1 und 2 genannt. Ferner

sind in der Anlage 2 Abschnitt 3 die Waffen und Munition genannt, auf die dieses Gesetz ganz oder teilweise nicht anzuwenden ist.

(5) Bestehen Zweifel darüber, ob ein Gegenstand von diesem Gesetz erfaßt wird oder wie er nach Maßgabe der Begriffsbestimmungen in Anlage 1 Abschnitt 1 und 3 und der Anlage 2 einzustufen ist, so entscheidet auf Antrag die zuständige Behörde. Antragsberechtigt sind

1. Hersteller, Importeure, Erwerber oder Besitzer des Gegenstandes, soweit sie ein berechtigtes Interesse an der Entscheidung nach Satz 1 glaubhaft machen können,

2. die zuständigen Behörden des Bundes und der Länder.

Die nach Landesrecht zuständigen Behörden sind vor der Entscheidung zu hören. Die Entscheidung ist für den Geltungsbereich dieses Gesetzes allgemein verbindlich. Sie ist im Bundesanzeiger bekannt zu machen.

§ 3 Umgang mit Waffen oder Munition durch Kinder und Jugendliche

(1) **Jugendliche** dürfen im Rahmen eines Ausbildungs- oder Arbeitsverhältnisses abweichend von § 2 Abs. 1 **unter Aufsicht eines weisungsbefugten Waffenberechtigten** mit Waffen oder Munition umgehen.

(2) **Jugendliche** dürfen abweichend von § 2 Abs. 1 Umgang mit **geprüften Reizstoffsprühgeräten** haben.

(3) Die zuständige Behörde kann für Kinder und Jugendliche allgemein oder für den Einzelfall **Ausnahmen** von Alterserfordernissen zulassen, wenn **besondere Gründe** vorliegen **und öffentliche Interessen** nicht entgegenstehen.

§ 4 Voraussetzungen für eine Erlaubnis

(1) Eine Erlaubnis setzt voraus, daß der Antragsteller

1. das **18. Lebensjahr** vollendet hat (§ 2 Abs. 1),

2. die erforderliche **Zuverlässigkeit** (§ 5) und **persönliche Eignung** (§ 6) besitzt,

3. die erforderliche **Sachkunde** nachgewiesen hat (§ 7),

4. ein **Bedürfnis** nachgewiesen hat (§ 8) und

5. bei der Beantragung eines **Waffenscheins** oder einer **Schießerlaubnis** eine **Versicherung gegen Haftpflicht** in Höhe von 1 Million Euro - pauschal für Personen- und Sachschäden - nachweist.

(2) Die Erlaubnis zum Erwerb, Besitz, Führen oder Schießen kann versagt werden, wenn der Antragsteller seinen gewöhnlichen Aufenthalt nicht seit mindestens **fünf Jahren** im Geltungsbereich dieses Gesetzes hat.

(3) Die zuständige Behörde hat die Inhaber von waffenrechtlichen Erlaubnissen in **regelmäßig**en Abständen, mindestens jedoch nach Ablauf von drei Jahren, erneut auf ihre **Zuverlässigkeit** und ihre **persönliche Eignung** zu prüfen sowie in den Fällen des Absatzes 1 Nr. 5 sich das Vorliegen einer Versicherung gegen Haftpflicht nachweisen zu lassen.

(4) Die zuständige Behörde hat drei Jahre nach Erteilung der ersten waffenrechtlichen Erlaubnis das Fortbestehen des Bedürfnisses zu prüfen. Dies kann im Rahmen der Prüfung nach Absatz 3 erfolgen. *Die zuständige Behörde kann auch nach Ablauf des in Satz 1 genannten Zeitraums das Fortbestehen des Bedürfnisses prüfen.*

§ 5 Zuverlässigkeit

(1) Die erforderliche Zuverlässigkeit besitzen Personen nicht,

1. die **rechtskräftig** verurteilt worden sind

a) wegen eines **Verbrechens** oder

b) wegen sonstiger vorsätzlicher Straftaten zu einer **Freiheitsstrafe von mindestens einem Jahr**,

wenn seit dem Eintritt der Rechtskraft der letzten Verurteilung zehn Jahre noch nicht verstrichen sind,

2. bei denen **Tatsachen** die Annahme rechtfertigen, daß sie

a) Waffen oder Munition mißbräuchlich oder leichtfertig verwenden werden,

b) mit Waffen oder Munition nicht vorsichtig oder sachgemäß umgehen oder diese Gegenstände nicht sorgfältig verwahren werden,

c) Waffen oder Munition Personen überlassen werden, die zur Ausübung der tatsächlichen Gewalt über diese Gegenstände nicht berechtigt sind.

(2) Die erforderliche Zuverlässigkeit besitzen **in der Regel** Personen nicht, die

1.

a) wegen einer **vorsätzlichen** Straftat,

b) wegen einer **fahrlässigen** Straftat im Zusammenhang mit dem Umgang mit Waffen, Munition oder explosionsgefährlichen Stoffen oder wegen einer fahrlässigen gemeingefährlichen Straftat,

c) wegen einer Straftat nach dem Waffengesetz, dem Gesetz über die Kontrolle von Kriegswaffen, dem Sprengstoffgesetz oder dem Bundesjagdgesetz

zu einer Freiheitsstrafe, Jugendstrafe, Geldstrafe von **mindestens 60 Tagessätzen** oder mindestens zweimal zu einer geringeren Geldstrafe rechtskräftig verurteilt worden sind oder bei denen die Verhängung von Jugendstrafe ausgesetzt worden ist, wenn seit dem Eintritt der Rechtskraft der letzten Verurteilung fünf Jahre noch nicht verstrichen sind,

2. Mitglied

a) in einem **Verein**, der nach dem Vereinsgesetz als Organisation **unanfechtbar verboten** wurde oder der einem **unanfechtbaren Betätigungsverbot nach dem Vereinsgesetz** unterliegt, oder

b) in einer **Partei**, deren **Verfassungswidrigkeit das Bundesverfassungsgericht** nach § 46 des Bundesverfassungsgerichtsgesetzes **festgestellt** hat,

waren, wenn seit der Beendigung der Mitgliedschaft zehn Jahre noch nicht verstrichen sind,

3. **einzeln oder als Mitglied einer Vereinigung Bestrebungen** verfolgen oder unterstützen oder in den letzten fünf Jahren verfolgt oder unterstützt haben, die

a) gegen die verfassungsmäßige Ordnung oder

b) **gegen den Gedanken der Völkerverständigung**, insbesondere gegen das friedliche Zusammenleben der Völker, gerichtet sind, oder

c) **durch Anwendung von Gewalt** oder darauf gerichtete Vorbereitungshandlungen **auswärtige Belange** der Bundesrepublik Deutschland gefährden,

4. innerhalb der letzten fünf Jahre mehr als einmal wegen Gewalttätigkeit mit richterlicher Genehmigung in polizeilichem Präventivgewahrsam waren,

5. wiederholt oder gröblich gegen die Vorschriften eines der in Nummer 1 Buchstabe c genannten Gesetze verstoßen haben.

(3) In die Frist nach Absatz 1 Nr. 1 oder Absatz 2 Nr. 1 nicht eingerechnet wird die Zeit, in welcher der Betroffene auf behördliche oder richterliche Anordnung in einer Anstalt verwahrt worden ist.

(4) Ist ein Verfahren wegen Straftaten im Sinne des Absatzes 1 Nr. 1 oder des Absatzes 2 Nr. 1 noch nicht abgeschlossen, so kann die zuständige Behörde die Entscheidung über den **Antrag auf Erteilung** einer waffenrechtlichen Erlaubnis bis zum rechtskräftigen Abschluß des Verfahrens **aussetzen**.

(5) Die zuständige Behörde hat im Rahmen der **Zuverlässigkeitsprüfung** folgende Erkundigungen einzuholen:

1. die unbeschränkte Auskunft aus dem Bundeszentralregister;

2. die Auskunft aus dem zentralen staatsanwaltschaftlichen Verfahrensregister hinsichtlich der in Absatz 2 Nr. 1 genannten Straftaten;

3. die Stellungnahme der örtlichen Polizeidienststelle, ob Tatsachen bekannt sind, die Bedenken gegen die Zuverlässigkeit begründen; die örtliche Polizeidienststelle schließt in ihre Stellungnahme das Ergebnis der von ihr vorzunehmenden Prüfung nach Absatz 2 Nr. 4 ein.

Die nach Satz 1 Nr. 2 erhobenen personenbezogenen Daten dürfen nur für den Zweck der waffenrechtlichen Zuverlässigkeitsprüfung verwendet werden.

§ 6 Persönliche Eignung

(1) Die erforderliche persönliche Eignung besitzen Personen nicht, wenn **Tatsachen** die **Annahme rechtfertigen**, daß sie

1. geschäftsunfähig sind,

2. **abhängig** von Alkohol oder anderen berauschenden Mitteln, **psychisch krank** oder **debil** sind oder

3. auf Grund in der Person liegender Umstände mit Waffen oder Munition **nicht vorsichtig oder sachgemäß** umgehen oder diese Gegenstände **nicht sorgfältig verwahren** können oder daß die **konkrete Gefahr einer Fremd- oder Selbstgefährdung** besteht.

Die erforderliche persönliche Eignung besitzen **in der Regel** Personen nicht, wenn Tatsachen die Annahme rechtfertigen, daß sie in ihrer Geschäftsfähigkeit beschränkt sind. Die zuständige Behörde soll die Stellungnahme der örtlichen Polizeidienststelle einholen. Der persönlichen Eignung können auch im **Erziehungsregister** eingetragene Entscheidungen oder Anordnungen nach § 60 Abs. 1 Nr. 1 bis 7 des Bundeszentralregistergesetzes entgegenstehen.

(2) Sind **Tatsachen** bekannt, die Bedenken gegen die persönliche Eignung nach Absatz 1 begründen, oder bestehen **begründete Zweifel** an vom Antragsteller beigebrachten Bescheinigungen, so hat die zuständige Behörde dem Betroffenen **auf seine Kosten** die Vorlage eines amts- oder fachärztlichen oder fachpsychologischen Zeugnisses über die geistige oder körperliche Eignung aufzugeben.

(3) Personen, die **noch nicht das 25. Lebensjahr** vollendet haben, haben für die **erstmalige** Erteilung einer Erlaubnis zum Erwerb und Besitz einer Schußwaffe auf eigene Kosten ein amts- oder fachärztliches oder fachpsychologisches Zeugnis über die geistige Eignung vorzulegen. **Satz 1 gilt nicht für den Erwerb und Besitz von Schußwaffen im Sinne von § 14 Abs. 1 Satz 2.**

(4) Das Bundesministerium des Innern wird ermächtigt, durch Rechtsverordnung mit Zustimmung des Bundesrates Vorschriften über das Verfahren zur Erstellung, über die Vorlage und die Anerkennung der in den Absätzen 2 und 3 genannten Gutachten bei den zuständigen Behörden zu erlassen.

§ 7 Sachkunde

(1) Den **Nachweis der Sachkunde** hat erbracht, wer eine **Prüfung** vor der dafür bestimmten Stelle bestanden hat oder seine Sachkunde durch eine **Tätigkeit oder Ausbildung** nachweist.

(2) Das Bundesministerium des Innern wird ermächtigt, durch Rechtsverordnung mit Zustimmung des Bundesrates Vorschriften über die Anforderungen an die waffentechnischen und waffenrechtlichen Kenntnisse, über die Prüfung und das Prüfungsverfahren einschließlich der Errichtung von Prüfungsausschüssen sowie über den anderweitigen Nachweis der Sachkunde zu erlassen.

§ 8 Bedürfnis, allgemeine Grundsätze

~~(1)~~ Der **Nachweis** eines Bedürfnisses ist erbracht, wenn gegenüber den Belangen der öffentlichen Sicherheit oder Ordnung

1. **besonders anzuerkennende persönliche oder wirtschaftliche Interessen**, vor allem als Jäger, Sportschütze, Brauchtumsschütze, Waffen- oder Munitionssammler, Waffen- oder Munitionssachverständiger, gefährdete Person, als Waffenhersteller oder –händler oder als Bewachungsunternehmer, und

2. die **Geeignetheit und Erforderlichkeit** der Waffen oder Munition für den beantragten Zweck

glaubhaft gemacht sind.

~~(2) Ein Bedürfnis im Sinne von Absatz 1 Nr. 1 liegt **insbesondere** vor, wenn der Antragsteller~~

~~1. **Mitglied eines schießsportlichen Vereins** ist, der einem nach § 15 Abs. 1 anerkannten Schießsportverband angehört, oder~~

~~2. Inhaber eines gültigen Jagdscheines ist.~~

Hinweis: der Absatz 2 entfällt mit Änderung des WaffG 2009!

§ 9 Inhaltliche Beschränkungen, Nebenbestimmungen und Anordnungen

(1) Eine Erlaubnis nach diesem Gesetz kann zur Abwehr von Gefahren für die öffentliche Sicherheit oder Ordnung inhaltlich beschränkt werden, insbesondere um Leben und Gesundheit von Menschen gegen die aus dem Umgang mit Schußwaffen oder Munition entstehenden Gefahren und erheblichen Nachteile zu schützen.

(2) Zu den in Absatz 1 genannten Zwecken können Erlaubnisse befristet oder mit Auflagen verbunden werden. Auflagen können nachträglich aufgenommen, geändert und ergänzt werden.

(3) Gegenüber Personen, die die Waffenherstellung oder den Waffenhandel nach Anlage 2 Abschnitt 2 Unterabschnitt 2 Nr. 4 bis 6 oder eine Schießstätte nach § 27 Abs. 2 ohne Erlaubnis betreiben dürfen, können Anordnungen zu den in Absatz 1 genannten Zwecken getroffen werden.

§ 10 Erteilung von Erlaubnissen zum Erwerb, Besitz, Führen und Schießen

(1) Die **Erlaubnis zum Erwerb und Besitz** von **Waffen** wird durch eine **Waffenbesitzkarte oder** durch **Eintragung** in eine bereits vorhandene Waffenbesitzkarte erteilt. Für die Erteilung einer

Erlaubnis für Schußwaffen sind **Art, Anzahl und Kaliber** der Schußwaffen anzugeben. Die Erlaubnis zum Erwerb einer Waffe gilt für die Dauer eines Jahres, die Erlaubnis zum Besitz wird in der Regel unbefristet erteilt.

(1a) Wer eine Waffe aufgrund einer Erlaubnis nach Absatz 1 Satz 1 erwirbt, hat **binnen zwei Wochen** der zuständigen Behörde unter Benennung von Name und Anschrift des Überlassenden den Erwerb **schriftlich** anzuzeigen und seine Waffenbesitzkarte zur Eintragung des Erwerbs **vorzulegen**.

(2) Eine Waffenbesitzkarte über Schußwaffen, die **mehrere Personen** besitzen, kann auf diese Personen ausgestellt werden. Eine Waffenbesitzkarte kann auch einem **schießsportlichen Verein** oder **einer jagdlichen Vereinigung als juristischer Person** erteilt werden. Sie ist mit der Auflage zu verbinden, daß der Verein der Behörde vor Inbesitznahme von Vereinswaffen unbeschadet des Vorliegens der Voraussetzung des § 4 Abs. 1 Nr. 5 **eine verantwortliche Person** zu **benennen** hat, für die die Voraussetzungen nach § 4 Abs. 1 Nr. 1 bis 3 nachgewiesen sind; diese benannte Person muß nicht vertretungsberechtigtes Organ des Vereins sein. Scheidet die benannte verantwortliche Person aus dem Verein aus oder liegen in ihrer Person nicht mehr alle Voraussetzungen nach § 4 Abs. 1 Nr. 1 bis 3 vor, so ist der Verein verpflichtet, dies unverzüglich der zuständigen Behörde mitzuteilen. Benennt der Verein nicht innerhalb von zwei Wochen eine neue verantwortliche Person, für die die Voraussetzungen nach § 4 Abs. 1 Nr. 1 bis 3 nachgewiesen werden, so ist die dem Verein erteilte Waffenbesitzerlaubnis zu widerrufen und die Waffenbesitzkarte zurückzugeben.

(3) Die **Erlaubnis zum Erwerb und Besitz** von **Munition** wird durch Eintragung in eine **Waffenbesitzkarte** für die darin **eingetragenen Schußwaffen** erteilt. In den **übrigen Fällen** wird die Erlaubnis durch einen **Munitionserwerbsschein** für eine bestimmte Munitionsart erteilt; sie ist für den Erwerb der Munition auf die Dauer von sechs Jahren zu befristen und gilt für den Besitz der Munition unbefristet. Die Erlaubnis zum nicht gewerblichen Laden von Munition im Sinne des Sprengstoffgesetzes gilt auch als Erlaubnis zum Erwerb und Besitz dieser Munition. Nach Ablauf der Gültigkeit des Erlaubnisdokuments gilt die Erlaubnis für den Besitz dieser Munition für die Dauer von sechs Monaten fort.

(4) Die **Erlaubnis zum Führen** einer Waffe wird durch einen **Waffenschein** erteilt. Eine Erlaubnis nach Satz 1 zum Führen von Schußwaffen wird für bestimmte Schußwaffen auf höchstens drei Jahre erteilt; die Geltungsdauer kann zweimal um höchstens je drei Jahre verlängert werden, sie ist kürzer zu bemessen, wenn nur ein vorübergehendes Bedürfnis nachgewiesen wird. Der Geltungsbereich des Waffenscheins ist auf bestimmte Anlässe oder Gebiete zu beschränken, wenn ein darüber hinausgehendes Bedürfnis nicht nachgewiesen wird. Die Voraussetzungen für die Erteilung einer Erlaubnis zum Führen von Schreckschuß-, Reizstoff- und Signalwaffen sind in der Anlage 2 Abschnitt 2 Unterabschnitt 3 Nr. 2 und 2.1 genannt (Kleiner Waffenschein).

(5) Die Erlaubnis zum Schießen mit einer Schußwaffe wird durch einen Erlaubnisschein erteilt.

§ 11 Erwerb und Besitz von Schußwaffen oder Munition mit Bezug zu einem anderen Mitgliedstaat der Europäischen Union

(1) Eine Erlaubnis zum Erwerb und Besitz einer Schußwaffe nach Anlage 1 Abschnitt 3 Nr. 1 bis 3 (Kategorien A bis C) oder von Munition für eine solche darf einer Person, die ihren gewöhnlichen Aufenthalt in einem anderen Mitgliedstaat der Europäischen Union (Mitgliedstaat) hat, nur erteilt werden, wenn sie

1. die Schußwaffen oder die Munition in den Mitgliedstaat im Wege der Selbstvornahme verbringen wird oder

2. eine schriftliche Erklärung vorlegt, daß und aus welchen Gründen sie die Schußwaffen oder die Munition nur im Geltungsbereich dieses Gesetzes zu besitzen beabsichtigt.

Die Erlaubnis zum Erwerb oder Besitz einer Schußwaffe nach Anlage 1 Abschnitt 3 Nr. 2 (Kategorie B) oder Munition für eine solche darf nur erteilt werden, wenn über die Voraussetzungen des Satzes 1 hinaus eine vorherige Zustimmung dieses Mitgliedstaates hierzu vorgelegt wird.

(2) Für eine Person mit gewöhnlichem Aufenthalt im Geltungsbereich dieses Gesetzes, die eine Schußwaffe nach Anlage 1 Abschnitt 3 Nr. 2 (Kategorie B) oder Munition für eine solche in einem anderen Mitgliedstaat mit einer Erlaubnis dieses Staates erwerben will, wird eine Erlaubnis erteilt, wenn die Voraussetzungen nach § 4 Abs. 1 Nr. 2 vorliegen.

§ 12 Ausnahmen von den Erlaubnispflichten

(1) Einer Erlaubnis zum Erwerb und Besitz einer Waffe bedarf nicht, wer diese

1. als Inhaber einer Waffenbesitzkarte von einem Berechtigten

a) lediglich vorübergehend, höchstens aber für einen Monat für einen von seinem Bedürfnis umfaßten Zweck oder im Zusammenhang damit, oder

b) vorübergehend zum Zweck der sicheren Verwahrung oder der Beförderung

erwirbt;

2. vorübergehend von einem Berechtigten zur **gewerbsmäßigen** Beförderung, zur **gewerbsmäßigen** Lagerung oder zur **gewerbsmäßigen** Ausführung von Verschönerungen oder ähnlicher Arbeiten an der Waffe erwirbt;

3. von einem oder für einen Berechtigten erwirbt, wenn und solange er

a) auf Grund eines Arbeits- oder Ausbildungsverhältnisses,

b) als **Beauftragter oder Mitglied einer jagdlichen oder schießsportlichen Vereinigung**, einer anderen sportlichen Vereinigung zur Abgabe von Startschüssen oder einer zur Brauchtumspflege Waffen tragenden Vereinigung,

c) als Beauftragter einer in § 55 Abs. 1 Satz 1 bezeichneten Stelle,

d) als Charterer von seegehenden Schiffen zur Abgabe von Seenotsignalen

den Besitz über die Waffe **nur nach den Weisungen des Berechtigten** ausüben darf;

4. von einem anderen,

a) dem er die Waffe vorübergehend überlassen hat, ohne daß es hierfür der Eintragung in die Erlaubnisurkunde bedurfte, oder

b) nach dem Abhandenkommen

wieder erwirbt;

5. auf einer **Schießstätte** (§ 27) **lediglich vorübergehend** zum Schießen auf dieser Schießstätte erwirbt;

6. auf einer Reise in den oder durch den Geltungsbereich des Gesetzes nach § 32 berechtigt mitnimmt.

(2) Einer Erlaubnis zum Erwerb und Besitz von Munition bedarf nicht, wer diese

1. unter den Voraussetzungen des Absatzes 1 Nr. 1 bis 4 erwirbt;

2. unter den Voraussetzungen des Absatzes 1 Nr. 5 zum sofortigen Verbrauch lediglich auf dieser Schießstätte (§ 27) erwirbt;

3. auf einer Reise in den oder durch den Geltungsbereich des Gesetzes nach § 32 berechtigt mitnimmt.

(3) Einer Erlaubnis zum Führen von Waffen bedarf nicht, wer

1. diese mit Zustimmung eines anderen in dessen Wohnung, Geschäftsräumen oder befriedetem Besitztum oder dessen Schießstätte **zu einem von seinem Bedürfnis umfaßten Zweck** oder im Zusammenhang damit führt;

2. diese **nicht schußbereit** und **nicht zugriffsbereit** von einem Ort zu einem anderen Ort befördert, sofern der Transport der Waffe **zu einem von seinem Bedürfnis umfaßten Zweck** oder im Zusammenhang damit erfolgt;

3. eine Langwaffe nicht schußbereit den Regeln entsprechend als Teilnehmer an genehmigten Sportwettkämpfen auf festgelegten Wegstrecken führt;

4. eine Signalwaffe beim Bergsteigen, als verantwortlicher Führer eines Wasserfahrzeugs auf diesem Fahrzeug oder bei Not- und Rettungsübungen führt;

5. eine Schreckschuß- oder eine Signalwaffe zur Abgabe von Start- oder Beendigungszeichen bei Sportveranstaltungen führt, wenn optische oder akustische Signalgebung erforderlich ist.

(4) Einer Erlaubnis zum Schießen mit einer Schußwaffe bedarf nicht, wer auf einer Schießstätte (§ 27) schießt. Das Schießen außerhalb von Schießstätten ist darüber hinaus ohne Schießerlaubnis nur zulässig

1. durch den Inhaber des Hausrechts oder mit dessen Zustimmung im befriedeten Besitztum

a) mit Schußwaffen, deren Geschossen eine Bewegungsenergie von nicht mehr als 7,5 Joule (J) erteilt wird oder deren Bauart nach § 7 des Beschußgesetzes zugelassen ist, sofern die Geschosse das Besitztum nicht verlassen können,

b) mit Schußwaffen, aus denen nur Kartuschenmunition verschossen werden kann,

2. durch Personen, die den Regeln entsprechend als Teilnehmer an genehmigten Sportwettkämpfen nach Absatz 3 Nr. 3 mit einer Langwaffe an Schießständen schießen,

3. mit Schußwaffen, aus denen nur Kartuschenmunition verschossen werden kann,

a) durch Mitwirkende an Theateraufführungen und diesen gleich zu achtenden Vorführungen,

b) zum Vertreiben von Vögeln in landwirtschaftlichen Betrieben,

4. mit Signalwaffen bei Not- und Rettungsübungen,

5. mit Schreckschuß- oder mit Signalwaffen zur Abgabe von Start- oder Beendigungszeichen **im Auftrag der Veranstalter** bei Sportveranstaltungen, wenn optische oder akustische Signalgebung erforderlich ist.

(5) Die zuständige Behörde kann im Einzelfall weitere Ausnahmen von den Erlaubnispflichten zulassen, wenn besondere Gründe vorliegen und Belange der öffentlichen Sicherheit und Ordnung nicht entgegenstehen.

§ 13 Erwerb und Besitz von Schußwaffen und Munition durch Jäger, Führen und Schießen zu Jagdzwecken

(1) Ein Bedürfnis für den Erwerb und Besitz von Schußwaffen und der dafür bestimmten Munition wird bei Personen anerkannt, die Inhaber eines gültigen Jagdscheines im Sinne von § 15 Abs. 1 Satz 1 des Bundesjagdgesetzes sind (Jäger), wenn

1. **glaubhaft gemacht wird**, daß sie die Schußwaffen und die Munition zur Jagdausübung oder zum Training im jagdlichen Schießen einschließlich jagdlicher Schießwettkämpfe **benötigen**, und

2. die zu erwerbende Schußwaffe und Munition nach dem Bundesjagdgesetz in der zum Zeitpunkt des Erwerbs geltenden Fassung **nicht verboten** ist (Jagdwaffen und -munition).

(2) **Für Jäger gilt § 6 Abs. 3 Satz 1 nicht**. Bei Jägern, die Inhaber eines Jahresjagdscheines im Sinne von § 15 Abs. 2 in Verbindung mit Abs. 1 Satz 1 des Bundesjagdgesetzes sind, erfolgt keine Prüfung der Voraussetzungen des Absatzes 1 Nr. 1 sowie des § 4 Abs. 1 Nr. 4 für den Erwerb und Besitz von Langwaffen und zwei Kurzwaffen, sofern die Voraussetzungen des Absatzes 1 Nr. 2 vorliegen.

(3) Inhaber eines gültigen Jahresjagdscheines im Sinne des § 15 Abs. 2 in Verbindung mit Abs. 1 Satz 1 des Bundesjagdgesetzes bedürfen zum Erwerb von Langwaffen nach Absatz 1 Nr. 2 keiner Erlaubnis. Die Ausstellung der Waffenbesitzkarte oder die Eintragung in eine bereits erteilte Waffenbesitzkarte ist binnen zwei Wochen durch den Erwerber zu beantragen.

(4) Für den Erwerb und vorübergehenden Besitz gemäß § 12 Abs. 1 Nr. 1 von Langwaffen nach Absatz 1 Nr. 2 steht ein Jagdschein im Sinne von § 15 Abs. 1 Satz 1 des Bundesjagdgesetzes einer Waffenbesitzkarte gleich.

(5) **Jäger bedürfen** für den **Erwerb und Besitz von Munition für Langwaffen** nach Absatz 1 Nr. 2 **keiner Erlaubnis**, sofern sie nicht nach dem Bundesjagdgesetz in der jeweiligen Fassung verboten ist.

(6) Ein **Jäger darf Jagdwaffen** zur befugten Jagdausübung einschließlich des Ein- und Anschießens im Revier, zur Ausbildung von Jagdhunden im Revier, zum Jagdschutz oder zum Forstschutz **ohne Erlaubnis führen** und mit ihnen schießen; er darf **auch im Zusammenhang mit diesen Tätigkeiten** die Jagdwaffen **nicht schußbereit ohne Erlaubnis führen**. Der befugten Jagdausübung gleichgestellt ist der Abschuß von Tieren, die dem Naturschutzrecht unterliegen, wenn die naturschutzrechtliche Ausnahme oder Befreiung die Tötung durch einen Jagdscheininhaber vorsieht.

(7) Inhabern eines Jugendjagdscheines im Sinne von § 16 des Bundesjagdgesetzes wird eine Erlaubnis zum Erwerb und Besitz von Schußwaffen und der dafür bestimmten Munition nicht erteilt. Sie dürfen Schußwaffen und die dafür bestimmte Munition nur für die Dauer der Ausübung der Jagd oder des Trainings im jagdlichen Schießen einschließlich jagdlicher Schießwettkämpfe ohne Erlaubnis erwerben, besitzen, die Schußwaffen führen und damit schießen; sie dürfen auch im Zusammenhang mit diesen Tätigkeiten die Jagdwaffen nicht schußbereit ohne Erlaubnis führen.

(8) **Personen in der Ausbildung zum Jäger** dürfen nicht schußbereite Jagdwaffen in der Ausbildung ohne Erlaubnis unter Aufsicht eines Ausbilders erwerben, besitzen und führen, wenn sie **das 14. Lebensjahr vollendet** haben und der Sorgeberechtigte und der Ausbildungsleiter ihr Einverständnis in einer von beiden unterzeichneten Berechtigungsbescheinigung erklärt haben. Die Person hat in der Ausbildung die Berechtigungsbescheinigung mit sich zu führen.

§ 14 Erwerb und Besitz von Schußwaffen und Munition durch Sportschützen

(1) Die **Erlaubnis zum Erwerb und Besitz von Schußwaffen und Munition** zum Zweck des sportlichen Schießens wird abweichend von § 4 Abs. 1 Nr. 1 **nur erteilt**, wenn der Antragsteller das **21. Lebensjahr** vollendet hat. Satz 1 **gilt nicht** für den Erwerb und Besitz von Schußwaffen bis zu einem Kaliber von 5,6 mm lfB (.22 l.r.) für Munition mit Randfeuerzündung, wenn die Mündungsenergie der Geschosse höchstens 200 Joule (J) beträgt, und Einzellader-Langwaffen mit glatten Läufen mit Kaliber 12 oder kleiner, sofern das sportliche Schießen mit solchen Waffen durch die genehmigte Sportordnung eines Schießsportverbandes zugelassen ist.

(2) Ein Bedürfnis für den Erwerb und Besitz von Schußwaffen und der dafür bestimmten Munition wird bei Mitgliedern eines Schießsportvereins anerkannt, der einem nach § 15 Abs. 1 anerkannten Schießsportverband angehört. Durch eine Bescheinigung des Schießsportverbandes oder eines ihm angegliederten Teilverbandes ist glaubhaft zu machen, daß

1. das Mitglied seit **mindestens zwölf Monaten** den Schießsport in einem Verein **regelmäßig** als Sportschütze betreibt und

2. die zu erwerbende **Waffe** für eine Sportdisziplin nach der **Sportordnung** des Schießsportverbandes **zugelassen und erforderlich** ist.

Innerhalb von sechs Monaten dürfen in der Regel nicht mehr als zwei Schußwaffen erworben werden.

(3) Ein Bedürfnis von Sportschützen nach Absatz 2 für den Erwerb und Besitz von mehr als **drei halbautomatischen Langwaffen** und mehr als **zwei mehrschüssigen Kurzwaffen für Patronenmunition** sowie der hierfür erforderlichen Munition wird unter Beachtung des Absatzes 2 durch Vorlage einer Bescheinigung des Schießsportverbandes des Antragstellers glaubhaft gemacht, wonach die weitere Waffe

1. von ihm zur Ausübung weiterer Sportdisziplinen benötigt wird oder

2. zur Ausübung des Wettkampfsports erforderlich ist

und der Antragsteller regelmäßig an Schießsportwettkämpfen teilgenommen hat.

(4) Sportschützen, die dem Schießsport in einem Schießsportverband nach § 15 Abs. 1 als gemeldetes Mitglied nachgehen, wird abweichend von § 10 Abs. 1 Satz 3 **unter Beachtung des Absatzes 2 Satz 2 Nr. 1 und Satz 3** eine unbefristete Erlaubnis erteilt, die zum Erwerb von Einzellader-Langwaffen mit glatten und gezogenen Läufen, von Repetier-Langwaffen mit gezogenen Läufen sowie von einläufigen Einzellader-Kurzwaffen für Patronenmunition und von mehrschüssigen Kurz- und Langwaffen mit Zündhütchenzündung (Perkussionswaffen) berechtigt. Die Eintragung von Waffen, die auf Grund dieser unbefristeten Erlaubnis erworben wurden, in die Waffenbesitzkarte ist durch den Erwerber binnen zwei Wochen zu beantragen.

§ 15 Schießsportverbände, schießsportliche Vereine

(1) Als Schießsportverband im Sinne dieses Gesetzes wird ein überörtlicher Zusammenschluß schießsportlicher Vereine anerkannt, der

1. wenigstens in jedem Land, in dem seine Sportschützen ansässig sind, in schießsportlichen Vereinen organisiert ist,

2. mindestens 10.000 Sportschützen, die mit Schußwaffen schießen, als Mitglieder insgesamt in seinen Vereinen hat,

3. den Schießsport als Breitensport und Leistungssport betreibt,

4.

a) auf eine sachgerechte Ausbildung in den schießsportlichen Vereinen

und

b) zur Förderung des Nachwuchses auf die Durchführung eines altersgerechten Schießsports für Kinder oder Jugendliche in diesen Vereinen

hinwirkt,

5. regelmäßig überregionale Wettbewerbe organisiert oder daran teilnimmt,

6. den sportlichen Betrieb in den Vereinen auf der Grundlage einer genehmigten Schießsportordnung organisiert und

7. im Rahmen eines festgelegten Verfahrens die ihm angehörenden schießsportlichen Vereine verpflichtet und regelmäßig darauf überprüft, daß diese

a) die ihnen nach diesem Gesetz oder auf Grund dieses Gesetzes obliegenden Pflichten erfüllen,

b) einen Nachweis über die Häufigkeit der schießsportlichen Aktivitäten jedes ihrer Mitglieder während der ersten drei Jahre, nachdem diesem erstmalig eine Waffenbesitzkarte als Sportschütze erteilt wurde, führen

und

c) über eigene Schießstätten für die nach der Schießsportordnung betriebenen Disziplinen verfügen oder geregelte Nutzungsmöglichkeiten für derartige Schießstätten nachweisen.

(2) Von den Voraussetzungen des Absatzes 1 Nr. 1, 2 oder 4 Buchstabe b kann abgewichen werden, wenn die besondere Eigenart des Verbandes dies erfordert, öffentliche Interessen nicht entgegenstehen und der Verband die Gewähr dafür bietet, die sonstigen Anforderungen nach Absatz 1 an die geordnete Ausübung des Schießsports zu erfüllen. Ein Abweichen von dem Erfordernis nach Absatz 1 Nr. 2 ist unter Beachtung des Satzes 1 nur bei Verbänden zulässig, die mindestens 2.000 Sportschützen, die mit Schußwaffen schießen, als Mitglieder in ihren Vereinen haben.

(3) Die Anerkennung nach Absatz 1 erfolgt durch das Bundesverwaltungsamt im Benehmen mit den nach § 48 Abs. 1 zuständigen Behörden des Landes, in dem der Schießsportverband seinen Sitz hat, und, soweit nicht der Schießsportverband nur auf dem Gebiet dieses Landes tätig ist, im Benehmen mit den nach § 48 Abs. 1 zuständigen Behörden der übrigen Länder.

(4) Die zuständige Behörde hat das Recht, jederzeit den Nachweis über das Vorliegen der Voraussetzungen für die Anerkennung zu verlangen. Die Anerkennung kann zurückgenommen werden, wenn die Voraussetzungen nach Absatz 1 für ihre Erteilung nicht vorgelegen haben; sie ist zurückzunehmen, wenn die Voraussetzungen weiterhin nicht vorliegen. Die Anerkennung ist zu widerrufen, wenn eine der Voraussetzungen für ihre Erteilung nachträglich entfallen ist. Anerkennung, Rücknahme und Widerruf sind im Bundesanzeiger zu veröffentlichen. Vom Zeitpunkt der Unanfechtbarkeit der Aufhebung der Anerkennung an sind die Bescheinigungen des betreffenden Verbandes nach § 14 Abs. 2 und 3 nicht mehr als geeignete Mittel zur Glaubhaftmachung anzuerkennen. Sofern der Grund für die Aufhebung der Anerkennung Zweifel an der inhaltlichen Richtigkeit von Bescheinigungen aufkommen läßt, können die Behörden bereits ab der Einleitung der Anhörung von der Anerkennung der Bescheinigungen absehen. Die Anerkennungsbehörde unterrichtet die nach Absatz 3 an der Anerkennung beteiligten Stellen von der Einleitung und dem Abschluß des Verfahrens zur Aufhebung der Anerkennung.

(5) Der schießsportliche Verein ist verpflichtet, der zuständigen Behörde Sportschützen, die Inhaber einer Waffenbesitzkarte sind und die aus ihrem Verein ausgeschieden sind, unverzüglich zu benennen.

§ 15a Sportordnungen

(1) Sportliches Schießen liegt dann vor, wenn nach festen Regeln einer genehmigten Sportordnung geschossen wird. Schießübungen des kampfmäßigen Schießens, insbesondere die Verwendung von Zielen oder Scheiben, die Menschen darstellen oder symbolisieren, sind im Schießsport nicht zulässig.

(2) Das Bundesverwaltungsamt entscheidet über die Genehmigung der Teile der Sportordnungen von Verbänden und Vereinen, die für die Ausführung dieses Gesetzes und der auf seiner Grundlage erlassenen Rechtsverordnungen erheblich sind. Die Genehmigung einer Sportordnung muß im besonderen öffentlichen Interesse liegen. Änderungen von Sportordnungen sind dem Bundesverwaltungsamt zur Prüfung vorzulegen. Sofern das Bundesverwaltungsamt nicht binnen drei Monaten Änderungen verlangt oder dem Betroffenen mitteilt, daß die Prüfung aus anderen wichtigen Gründen nicht abgeschlossen werden kann, gilt die Änderung als genehmigt. Die Frist nach Satz 3 beginnt mit Zugang aller erforderlichen Prüfunterlagen beim Bundesverwaltungsamt.

(3) Die Genehmigung einer Sportordnung ohne gleichzeitige Anerkennung als Verband nach § 15 Abs. 1 kann erfolgen, wenn die Vorgaben des Buchstabens a des § 15 Abs. 1 Nr. 4 und der Buchstaben a bis c des § 15 Abs. 1 Nr. 7 erfüllt sind.

(4) Das Bundesministerium des Innern wird ermächtigt, durch Rechtsverordnung mit Zustimmung des Bundesrates zur Abwehr von Gefahren für die öffentliche Sicherheit oder Ordnung unter Berücksichtigung der berechtigten Interessen des Schießsports Vorschriften über die Anforderungen und die Inhalte der Sportordnungen zum sportlichen Schießen zu erlassen und insbesondere zu bestimmen, daß vom Schießsport bestimmte Schußwaffen wegen ihrer Konstruktion, ihrer Handhabung oder Wirkungsweise ganz oder teilweise ausgeschlossen sind.

§ 15b Fachbeirat Schießsport

Das Bundesministerium des Innern wird ermächtigt, durch Rechtsverordnung mit Zustimmung des Bundesrates einen Ausschuß zu bilden, in den neben Vertretern der beteiligten Bundes- und Landesbehörden auch Vertreter des Sports zu berufen sind und der das Bundesverwaltungsamt in Fragen der Anerkennung eines Schießsportverbandes und der Genehmigung von Schießsportordnungen nach § 15a Abs. 2 und 3 unter Berücksichtigung waffentechnischer Fragen berät.

§ 16 Erwerb und Besitz von Schußwaffen und Munition durch Brauchtumsschützen, Führen von Waffen und Schießen zur Brauchtumspflege

(1) Ein Bedürfnis für den Erwerb und Besitz von **Einzellader-Langwaffen** und **bis zu drei Repetier-Langwaffen** sowie der dafür bestimmten Munition wird bei Mitgliedern einer zur Brauchtumspflege Waffen tragenden Vereinigung (Brauchtumsschützen) anerkannt, wenn sie durch eine Bescheinigung der Brauchtumsschützenvereinigung glaubhaft machen, daß sie diese Waffen zur Pflege des Brauchtums benötigen.

(2) Für Veranstaltungen, bei denen es Brauch ist, aus besonderem Anlaß Waffen zu tragen, kann für die Dauer von fünf Jahren die **Ausnahmebewilligung zum Führen** von in Absatz 1 Satz 1 genannten Schußwaffen sowie von sonstigen zur Brauchtumspflege benötigten Waffen im Sinne des § 1 Abs. 2 Nr. 2 einem **verantwortlichen Leiter der Brauchtumsschützenvereinigung** unter den Voraussetzungen des § 42 Abs. 2 erteilt werden, wenn gewährleistet ist, daß die erforderliche Sorgfalt beachtet wird.

(3) Die **Erlaubnis zum Schießen** mit den in Absatz 1 Satz 1 genannten Schußwaffen außerhalb von Schießstätten mit Kartuschenmunition bei Veranstaltungen nach Absatz 2 kann für die Dauer von fünf Jahren einem **verantwortlichen Leiter der Brauchtumsschützenvereinigung** erteilt werden. Sie ist zu versagen, wenn

1. in dessen Person eine Voraussetzung nach § 4 Abs. 1 Nr. 1 bis 4 nicht vorliegt,

2. die Beachtung der erforderlichen Sorgfalt nicht gewährleistet ist,

3. Gefahren oder erhebliche Nachteile für Einzelne oder die Allgemeinheit zu befürchten sind und nicht durch Auflagen verhindert werden können oder

4. kein **Haftpflichtversicherungsschutz** gemäß § 4 Abs. 1 Nr. 5 nachgewiesen ist.

Die Erlaubnis nach Satz 1 kann mit der Ausnahmebewilligung nach Absatz 2 verbunden werden.

(4) Brauchtumsschützen dürfen in den Fällen der Absätze 2 und 3 oder bei Vorliegen einer Ausnahmebewilligung nach § 42 Abs. 2 die **Schußwaffen ohne Erlaubnis führen und damit schießen**. Sie dürfen die zur Pflege des Brauchtums benötigten Schußwaffen auch **im Zusammenhang mit Veranstaltungen**, bei denen es **Brauch** ist, aus besonderem Anlaß Waffen zu tragen, für die eine **Erlaubnis nach Absatz 2 oder nach § 42 Abs. 2** erteilt wurde, **ohne Erlaubnis führen**.

§ 17 Erwerb und Besitz von Schußwaffen oder Munition durch Waffen- oder Munitionssammler

(1) Ein Bedürfnis zum Erwerb und Besitz von Schußwaffen oder Munition wird bei Personen anerkannt, die glaubhaft machen, daß sie Schußwaffen oder Munition für eine **kulturhistorisch bedeutsame** Sammlung (Waffensammler, Munitionssammler) benötigen; kulturhistorisch bedeutsam ist auch eine wissenschaftlich-technische Sammlung.

(2) Die **Erlaubnis zum Erwerb** von Schußwaffen oder Munition wird in der Regel **unbefristet** erteilt. Sie kann mit der Auflage verbunden werden, der Behörde in bestimmten Zeitabständen eine Aufstellung über den Bestand an Schußwaffen vorzulegen.

(3) Die Erlaubnis zum Erwerb und Besitz von Schußwaffen oder Munition wird **auch einem Erben, Vermächtnisnehmer oder durch Auflage Begünstigten** (Erwerber infolge eines Erbfalls) erteilt, der eine **vorhandene Sammlung** des Erblassers im Sinne des Absatzes 1 **fortführt**.

§ 18 Erwerb und Besitz von Schußwaffen oder Munition durch Waffen- oder Munitionssachverständige

(1) Ein Bedürfnis zum Erwerb und Besitz von Schußwaffen oder Munition wird bei Personen anerkannt, die glaubhaft machen, daß sie Schußwaffen oder Munition für wissenschaftliche oder technische Zwecke, zur Erprobung, Begutachtung, Untersuchung oder zu einem ähnlichen Zweck (Waffen-, Munitionssachverständige) benötigen.

(2) Die **Erlaubnis zum Erwerb** von Schußwaffen oder Munition wird in der Regel

1. für Schußwaffen oder Munition jeder Art und

2. unbefristet

erteilt. Sie kann mit der Auflage verbunden werden, der Behörde in bestimmten Zeitabständen eine Aufstellung über den Bestand an Schußwaffen vorzulegen. Auf den Inhaber einer Waffenbesitzkarte für Schußwaffen jeder Art findet im Fall des Erwerbs einer Schußwaffe § 10 Abs. 1a keine Anwendung, wenn der Besitz nicht länger als drei Monate ausgeübt wird.

§ 19 Erwerb und Besitz von Schußwaffen und Munition, Führen von Schußwaffen durch gefährdete Personen

(1) Ein Bedürfnis zum Erwerb und Besitz einer Schußwaffe und der dafür bestimmten Munition wird bei einer Person anerkannt, die glaubhaft macht,

1. **wesentlich mehr als die Allgemeinheit** durch Angriffe auf Leib oder Leben **gefährdet** zu sein und

2. daß der Erwerb der Schußwaffe und der Munition **geeignet und erforderlich** ist, diese Gefährdung zu mindern.

(2) Ein Bedürfnis zum Führen einer Schußwaffe wird anerkannt, wenn glaubhaft gemacht ist, daß die Voraussetzungen nach Absatz 1 auch außerhalb der eigenen Wohnung, Geschäftsräume oder des eigenen befriedeten Besitztums vorliegen.

§ 20 Erwerb und Besitz von Schußwaffen durch Erwerber infolge Erbfalls

(1) Der Erbe hat binnen eines Monats nach der Annahme der Erbschaft oder dem Ablauf der für die Ausschlagung der Erbschaft vorgeschriebenen Frist die Ausstellung einer Waffenbesitzkarte für die zum Nachlaß gehörenden erlaubnispflichtigen Schußwaffen oder ihre Eintragung in eine bereits ausgestellte Waffenbesitzkarte zu beantragen; für den Vermächtnisnehmer oder durch Auflage Begünstigten beginnt diese Frist mit dem Erwerb der Schußwaffen.

(2) Dem Erwerber infolge eines Erbfalls ist die gemäß Absatz 1 beantragte Erlaubnis abweichend von § 4 Abs. 1 zu erteilen, wenn der **Erblasser berechtigter Besitzer** war und der Antragsteller **zuverlässig** und **persönlich geeignet** ist.

(3) Für erlaubnispflichtige Schußwaffen und erlaubnispflichtige Munition, für die der Erwerber infolge eines Erbfalles ein Bedürfnis nach § 8 oder §§ 13 ff. geltend machen kann, sind die Vorschriften des § 4 Abs. 1 Nr. 1 bis 3 und des § 8 und der §§ 13 bis 18 anzuwenden. **Kann kein Bedürfnis geltend gemacht werden, sind Schußwaffen durch ein dem Stand der Technik entsprechendes Blockiersystem zu sichern und ist erlaubnispflichtige Munition binnen angemessener Frist unbrauchbar zu machen oder einem Berechtigten zu überlassen.** Einer Sicherung durch ein Blockiersystem bedarf es nicht, wenn der Erwerber der Erbwaffe bereits aufgrund eines Bedürfnisses nach § 8 oder §§ 13 ff. berechtigter Besitzer einer erlaubnispflichtigen Schußwaffe ist. Für den Transport der Schußwaffe im Zusammenhang mit dem Einbau des Blockiersystems gilt § 12 Abs. 3 Nr. 2 entsprechend.

(4) Das Bundesministerium des Innern erstellt nach Anhörung eines Kreises von Vertretern der Wissenschaft, der Betroffenen, der beteiligten Wirtschaft und der für das Waffenrecht zuständigen obersten Landesbehörden dem Stand der Sicherheitstechnik entsprechende Regeln (Technische Richtlinie – Blockiersysteme für Erbwaffen) für ein Blockiersystem nach Absatz 3 Satz 2 sowie für dessen Zulassungsverfahren und veröffentlicht diese im Bundesanzeiger. Die Prüfung der

Konformität und die Zulassung neu entwickelter Blockiersysteme gemäß der Technischen Richtlinie erfolgt durch die Physikalisch-Technische Bundesanstalt.

(5) Der Einbau und die Entsperrung von Blockiersystemen darf nur durch hierin eingewiesene Inhaber einer Waffenherstellungserlaubnis oder einer Waffenhandelserlaubnis nach § 21 Abs. 1 oder durch deren hierzu bevollmächtigten Mitarbeiter erfolgen. Die vorübergehende Entsperrung aus besonderem Anlaß ist möglich. Die Zeitpunkte aller Einbauten und Entsperrungen sind schriftlich festzuhalten. § 39 Abs. 1 Satz 1 gilt entsprechend.

(6) In der Waffenbesitzkarte ist von der Waffenbehörde einzutragen, daß die Schußwaffe mit einem Blockiersystem gesichert wurde.

(7) Die Waffenbehörde hat auf Antrag Ausnahmen von der Verpflichtung, alle Erbwaffen mit einem dem Stand der Sicherheitstechnik entsprechenden Blockiersystem zu sichern, zuzulassen, wenn oder so lange für eine oder mehrere Erbwaffen ein entsprechendes Blockiersystem noch nicht vorhanden ist. Eine Ausnahme kann auch für Erbwaffen erteilt werden, die Bestandteil einer kulturhistorisch bedeutsamen Sammlung gemäß § 17 sind oder werden sollen.

§ 21 Gewerbsmäßige Waffenherstellung, Waffenhandel

(1) Die Erlaubnis zur gewerbsmäßig oder selbstständig im Rahmen einer wirtschaftlichen Unternehmung betriebenen Herstellung, Bearbeitung oder Instandsetzung von Schußwaffen oder Munition wird durch eine Waffenherstellungserlaubnis, die Erlaubnis zum entsprechend betriebenen Handel mit Schußwaffen oder Munition durch eine Waffenhandelserlaubnis erteilt. Sie kann auf bestimmte Schußwaffen- und Munitionsarten beschränkt werden.

(2) Die Waffenherstellungserlaubnis nach Absatz 1 Satz 1 schließt für Schußwaffen oder Munition, auf die sich die Erlaubnis erstreckt, die Erlaubnis zum vorläufigen oder endgültigen Überlassen an Inhaber einer Waffenherstellungs- oder Waffenhandelserlaubnis sowie zum Erwerb für Zwecke der Waffenherstellung ein. Bei in die Handwerksrolle eingetragenen Büchsenmachern schließt die Waffenherstellungserlaubnis die Erlaubnis zum Waffenhandel ein.

(3) Die Erlaubnis ist zu versagen, wenn

1. der Antragsteller die erforderliche Zuverlässigkeit (§ 5) oder persönliche Eignung (§ 6) nicht besitzt,

2. der Antragsteller die für die erlaubnispflichtige Tätigkeit bei handwerksmäßiger Betriebsweise erforderlichen Voraussetzungen nach der Handwerksordnung nicht erfüllt, soweit eine Erlaubnis zu einer entsprechenden Waffenherstellung beantragt wird,

3. der Antragsteller nicht die erforderliche Fachkunde nachweist, soweit eine Erlaubnis zum Waffenhandel beantragt wird; dies gilt nicht, wenn der Antragsteller weder den Betrieb, eine Zweigniederlassung noch eine unselbstständige Zweigstelle selbst leitet.

(4) Die Erlaubnis kann versagt werden, wenn der Antragsteller

1. nicht Deutscher im Sinne des Artikels 116 des Grundgesetzes ist oder

2. weder seinen gewöhnlichen Aufenthalt noch eine gewerbliche Niederlassung im Geltungsbereich dieses Gesetzes hat.

(5) Die Erlaubnis erlischt, wenn der Erlaubnisinhaber die Tätigkeit nicht innerhalb eines Jahres nach Erteilung der Erlaubnis begonnen oder ein Jahr lang nicht ausgeübt hat. Die Fristen können aus besonderen Gründen verlängert werden.

(6) Der Inhaber einer Erlaubnis nach Absatz 1 hat die Aufnahme und Einstellung des Betriebs sowie die Eröffnung und Schließung einer Zweigniederlassung oder einer unselbstständigen Zweigstelle innerhalb von zwei Wochen der zuständigen Behörde anzuzeigen.

(7) Die zuständige Behörde unterrichtet das Bundeskriminalamt, die Landeskriminalämter und das Bundesamt für Wirtschaft und Ausfuhrkontrolle über das Erlöschen einer Erlaubnis nach Absatz 5 Satz 1 und über die Rücknahme oder den Widerruf einer Erlaubnis nach Absatz 1.

§ 21a Stellvertretungserlaubnis

Wer ein erlaubnisbedürftiges Waffengewerbe durch einen Stellvertreter betreiben will, bedarf einer Stellvertretererlaubnis; sie wird dem Erlaubnisinhaber für einen bestimmten Stellvertreter erteilt und kann befristet werden. Dies gilt auch für die Beauftragung einer Person mit der Leitung einer Zweigniederlassung oder einer unselbstständigen Zweigstelle. Die Vorschriften des § 21 gelten entsprechend.

§ 22 Fachkunde

(1) Die Fachkunde ist durch eine Prüfung vor der zuständigen Behörde nachzuweisen. Die Fachkunde braucht nicht nachzuweisen, wer die Voraussetzungen für die Eintragung eines Büchsenmacherbetriebes in die Handwerksrolle erfüllt.

(2) Das Bundesministerium des Innern wird ermächtigt, durch Rechtsverordnung mit Zustimmung des Bundesrates Vorschriften über

1. die notwendigen Anforderungen an die waffentechnischen und waffenrechtlichen Kenntnisse, auch beschränkt auf bestimmte Waffen- und Munitionsarten (Fachkunde),

2. die Prüfung und das Prüfungsverfahren einschließlich der Errichtung von Prüfungsausschüssen,

3. die Anforderungen an Art, Umfang und Nachweis der beruflichen Tätigkeit nach Absatz 1 Satz 2 ~~Nr. 2~~

zu erlassen.

§ 23 Waffenbücher

(1) Wer gewerbsmäßig Schußwaffen herstellt, hat ein Waffenherstellungsbuch zu führen, aus dem die Art und Menge der Schußwaffen sowie ihr Verbleib hervorgehen. Satz 1 ist nicht anzuwenden auf Schußwaffen, deren Bauart nach den §§ 7 und 8 des Beschußgesetzes zugelassen ist oder die der Anzeigepflicht nach § 9 des Beschußgesetzes unterliegen, sowie auf wesentliche Teile von erlaubnisfreien Schußwaffen.

(2) Wer gewerbsmäßig Schußwaffen erwirbt, vertreibt oder anderen überläßt, hat ein Waffenhandelsbuch zu führen, aus dem die Art und Menge der Schußwaffen, ihre Herkunft und ihr Verbleib hervorgehen. Satz 1 ist nicht anzuwenden auf

1. Schußwaffen im Sinne des Absatzes 1 Satz 2, die vom Hersteller oder demjenigen, der die Schußwaffen in den Geltungsbereich dieses Gesetzes verbracht hat, mit dem auf Grund einer Rechtsverordnung nach § 25 Abs. 1 Nr. 1 Buchstabe c bestimmten Kennzeichen versehen sind,

2. Schußwaffen, über die in demselben Betrieb ein Waffenherstellungsbuch nach Absatz 1 zu führen ist,

3.Verwahr-, Reparatur- und Kommissionswaffen.

§ 24 Kennzeichnungspflicht, Markenanzeigepflicht

(1) Wer **gewerbsmäßig** Schußwaffen herstellt oder in den Geltungsbereich dieses Gesetzes verbringt, hat unverzüglich mindestens auf einem wesentlichen Teil der Waffe deutlich sichtbar und dauerhaft folgende Angaben anzubringen:

1. den Namen, die Firma oder eine eingetragene Marke eines Waffenherstellers oder -händlers, der im Geltungsbereich dieses Gesetzes eine gewerbliche Niederlassung hat,

2. das Herstellungsland (zweistelliges Landeskürzel nach ISO 3166),

3. die Bezeichnung der Munition oder, wenn keine Munition verwendet wird, die Bezeichnung der Geschosse,

4. bei Importwaffen zusätzlich das Einfuhrland (Landeskürzel nach ISO 3166) und das Einfuhrjahr und

5. eine fortlaufende Nummer (Seriennummer).

Die Seriennummer nach Satz 1 Nr. 5 ist bei zusammengesetzten Langwaffen auf dem Lauf und bei zusammengesetzten Kurzwaffen auf dem Griffstück anzubringen. Satz 2 gilt nur für Schußwaffen, die ab dem 1. April 2008 hergestellt, auf Dauer erworben oder in den Geltungsbereich des Gesetzes verbracht werden. Auf erlaubnispflichtige Schußwaffen, die Bestandteil einer kulturhistorisch bedeutsamen Sammlung im Sinne des § 17 sind oder werden sollen, sind Satz 1 und 2 nicht anzuwenden. Auf Schußwaffen im Sinne des § 23 Abs. 1 Satz 2 ist Satz 1 Nr. 2, 4 und 5 nicht anzuwenden. Wesentliche Teile erlaubnispflichtiger Schußwaffen sind gesondert mit einer Seriennummer zu kennzeichnen und in Waffenbüchern nach § 23 zu erfassen, wenn sie einzeln gehandelt werden.

(2) Schußwaffen, deren Geschossen eine Bewegungsenergie von nicht mehr als 7,5 Joule erteilt wird, müssen eine Typenbezeichnung sowie das Kennzeichen nach Anlage 1 Abbildung 1 zur Ersten Verordnung zum Waffengesetz vom 24. Mai 1976 (BGBl. I S. 1285) in der zum Zeitpunkt des Inkrafttretens dieses Gesetzes geltenden Fassung oder ein durch Rechtsverordnung nach § 25 Abs. 1 Nr. 1 Buchstabe c bestimmtes Zeichen tragen.

(3) Wer gewerbsmäßig Munition herstellt oder in den Geltungsbereich dieses Gesetzes verbringt, hat unverzüglich auf der kleinsten Verpackungseinheit Zeichen anzubringen, die den Hersteller, die Fertigungsserie (Fertigungszeichen), die Zulassung und die Bezeichnung der Munition erkennen lassen; das Herstellerzeichen und die Bezeichnung der Munition sind auch auf der Hülse anzubringen. Munition, die wiedergeladen wird, ist außerdem mit einem besonderen Kennzeichen zu versehen. Als Hersteller gilt auch derjenige, unter dessen Namen, Firma oder Marke die Munition vertrieben oder anderen überlassen wird und der die Verantwortung dafür übernimmt, daß die Munition den Vorschriften dieses Gesetzes entspricht.

(4) Wer Waffenhandel betreibt, darf Schußwaffen oder Munition anderen gewerbsmäßig nur überlassen, wenn er festgestellt hat, daß die Schußwaffen gemäß Absatz 1 gekennzeichnet sind, oder wenn er auf Grund von Stichproben überzeugt ist, daß die Munition nach Absatz 3 mit dem Herstellerzeichen gekennzeichnet ist.

(5) Wer gewerbsmäßig Schußwaffen, Munition oder Geschosse für Schußapparate herstellt, Munition wiederlädt oder im Geltungsbereich dieses Gesetzes mit diesen Gegenständen Handel treibt und eine Marke für diese Gegenstände benutzen will, hat dies der Physikalisch-Technischen Bundesanstalt unter Vorlage der Marke vorher schriftlich anzuzeigen. Verbringer, die die Marke eines Herstellers aus einem anderen Staat benutzen wollen, haben diese Marke anzuzeigen.

(6) Absatz 3 Satz 3 und Absatz 4 gelten nicht, sofern es sich um Munition handelt, die Teil einer Sammlung (§ 17 Abs. 1) oder für eine solche bestimmt ist.

§ 25 Ermächtigungen und Anordnungen

(1) Das Bundesministerium des Innern wird ermächtigt, durch Rechtsverordnung mit Zustimmung des Bundesrates zur Durchführung der §§ 23 und 24

1. Vorschriften zu erlassen über

a) Inhalt und Führung des Waffenherstellungs- und Waffenhandelsbuches,

b) Aufbewahrung und Vorlage des Waffenherstellungs- und Waffenhandelsbuches,

c) eine besondere Kennzeichnung bestimmter Waffen- und Munitionsarten sowie über die Art, Form und Aufbringung dieser Kennzeichnung,

2. zu bestimmen,

a) auf welchen wesentlichen Teilen der Schußwaffe die Kennzeichen anzubringen sind und wie die Schußwaffen nach einem Austausch, einer Veränderung oder einer Umarbeitung wesentlicher Teile zu kennzeichnen sind,

b) daß bestimmte Waffen- und Munitionsarten von der in § 24 vorgeschriebenen Kennzeichnung ganz oder teilweise befreit sind.

(2) Ist eine kennzeichnungspflichtige Schußwaffe nicht mit einer fortlaufenden Nummer (§ 24 Abs. 1 Satz 1 **Nr. 3**) gekennzeichnet, so kann die zuständige Behörde – auch nachträglich - anordnen, daß der Besitzer ein bestimmtes Kennzeichen anbringen läßt.

*(2) Ist eine kennzeichnungspflichtige Schußwaffe nicht mit einer fortlaufenden Nummer (§ 24 Abs. 1 Satz 1 **Nr. 5**) gekennzeichnet, so kann die zuständige Behörde – auch nachträglich - anordnen, daß der Besitzer ein bestimmtes Kennzeichen anbringen läßt.*

§ 26 Nichtgewerbsmäßige Waffenherstellung

(1) Die Erlaubnis zur nichtgewerbsmäßigen Herstellung, Bearbeitung oder Instandsetzung von Schußwaffen wird durch einen **Erlaubnisschein** erteilt. Sie schließt den **Erwerb** von zu diesen Tätigkeiten **benötigten wesentlichen Teilen** von Schußwaffen sowie den Besitz dieser Gegenstände ein.

(2) Die Erlaubnis ist auf **höchstens drei Jahre** zu **befristen** und auf eine **bestimmte Zahl und Art** von Schußwaffen und wesentlichen Teilen zu **beschränken**. Personen, denen Schußwaffen zur Erprobung, Begutachtung, Untersuchung oder für ähnliche Zwecke, die insbesondere eine Bearbeitung oder Instandsetzung erforderlich machen können, überlassen werden, kann die Erlaubnis nach Absatz 1 ohne Beschränkung auf eine bestimmte Zahl und Art von Schußwaffen und wesentlichen Teilen erteilt werden.

§ 27 Schießstätten, Schießen durch Minderjährige auf Schießstätten

(1) Wer eine ortsfeste oder ortsveränderliche Anlage, die ausschließlich oder neben anderen Zwecken dem Schießsport oder sonstigen Schießübungen mit Schußwaffen, der Erprobung von Schußwaffen oder dem Schießen mit Schußwaffen zur Belustigung dient (Schießstätte), betreiben oder in ihrer Beschaffenheit oder in der Art ihrer Benutzung wesentlich ändern will, bedarf der Erlaubnis der zuständigen Behörde. Die Erlaubnis darf nur erteilt werden, wenn der Antragsteller die erforderliche Zuverlässigkeit (§ 5) und persönliche Eignung (§ 6) besitzt und eine Versicherung gegen Haftpflicht für aus dem Betrieb der Schießstätte resultierende Schädigungen in Höhe von mindestens 1 Million Euro – pauschal für Personen- und Sachschäden – sowie

gegen Unfall für aus dem Betrieb der Schießstätte resultierende Schädigungen von bei der Organisation des Schießbetriebs mitwirkenden Personen in Höhe von mindestens 10.000 Euro für den Todesfall und 100.000 Euro für den Invaliditätsfall bei einem im Geltungsbereich dieses Gesetzes zum Geschäftsbetrieb befugten Versicherungsunternehmen nachweist. § 10 Abs. 2 Satz 2 bis 5 gilt entsprechend. Abweichend von Satz 2 richtet sich die Haftpflichtversicherung für Schießgeschäfte, die der Schaustellerhaftpflichtverordnung unterliegen, nach § 1 Abs. 2 Nr. 2 dieser Verordnung. Bei ortsveränderlichen Schießstätten ist eine einmalige Erlaubnis vor der erstmaligen Aufstellung ausreichend. Der Inhaber einer Erlaubnis nach Satz 5 hat Aufnahme und Beendigung des Betriebs der Schießstätte der örtlich zuständigen Behörde zwei Wochen vorher schriftlich anzuzeigen.

(2) Absatz 1 Satz 1 ist nicht anzuwenden auf Schießstätten, bei denen in geschlossenen Räumen ausschließlich zur Erprobung von Schußwaffen oder Munition durch Waffen oder Munitionshersteller, durch Waffen- oder Munitionssachverständige oder durch wissenschaftliche Einrichtungen geschossen wird. Der Betreiber hat die Aufnahme und Beendigung des Betriebs der Schießstätte der zuständigen Behörde zwei Wochen vorher schriftlich anzuzeigen.

(3) Unter Obhut des zur Aufsichtsführung berechtigten Sorgeberechtigten oder verantwortlicher und zur Kinder- und Jugendarbeit für das Schießen geeigneter Aufsichtspersonen darf

1. **Kindern**, die das zwölfte Lebensjahr vollendet haben und noch nicht 14 Jahre alt sind, das Schießen in Schießstätten mit Druckluft-, Federdruckwaffen und Waffen, bei denen zum Antrieb der Geschosse kalte Treibgase verwendet werden (Anlage 2 Abschnitt 2 Unterabschnitt 2 Nr. 1.1 und 1.2),

2. **Jugendlichen**, die das 14. Lebensjahr vollendet haben und noch nicht **16** Jahre alt sind, auch das Schießen mit sonstigen Schußwaffen

*2. **Jugendlichen**, die das 14. Lebensjahr vollendet haben und noch nicht **18** Jahre alt sind, auch das Schießen mit sonstigen Schußwaffen bis zu einem Kaliber von 5,6 mm lfB (.22 l.r.) für Munition mit Randfeuerzündung, wenn die Mündungsenergie höchstens 200 Joule (J) beträgt und Einzellader-Langwaffen mit glatten Läufen mit Kaliber 12 oder kleiner*

gestattet werden, wenn der **Sorgeberechtigte schriftlich sein Einverständnis erklärt** hat oder beim Schießen **anwesend** ist. Die verantwortlichen Aufsichtspersonen haben die schriftlichen Einverständniserklärungen der Sorgeberechtigten vor der Aufnahme des Schießens entgegenzunehmen und während des Schießens aufzubewahren. Sie sind der zuständigen Behörde oder deren Beauftragten auf Verlangen zur Prüfung auszuhändigen. Die verantwortliche Aufsichtsperson hat die Geeignetheit zur Kinder- und Jugendarbeit glaubhaft zu machen. Der in Satz 1 genannten besonderen Obhut bedarf es nicht beim Schießen durch Jugendliche mit Waffen nach Anlage 2 Abschnitt 2 Unterabschnitt 2 Nr. 1.1 und 1.2 und nicht beim Schießen mit sonstigen Schußwaffen durch Jugendliche, die das 16. Lebensjahr vollendet haben.

(4) Die zuständige Behörde kann einem Kind zur Förderung des Leistungssports eine Ausnahme von dem Mindestalter des Absatzes 3 Satz 1 bewilligen. Diese soll bewilligt werden, wenn durch eine ärztliche Bescheinigung die geistige und körperliche Eignung und durch eine Bescheinigung des Vereins die schießsportliche Begabung glaubhaft gemacht sind.

(5) Personen in der **Ausbildung zum Jäger** dürfen in der Ausbildung **ohne Erlaubnis** mit Jagdwaffen **schießen**, wenn sie das 14. Lebensjahr vollendet haben und der Sorgeberechtigte und der Ausbildungsleiter ihr Einverständnis in einer von beiden unterzeichneten Berechtigungsbescheinigung erklärt haben. Die Person hat in der Ausbildung die Berechtigungsbescheinigung mit sich zu führen.

(6) An ortsveränderlichen Schießstätten, die dem Schießen zur Belustigung dienen, darf von einer verantwortlichen Aufsichtsperson Minderjährigen das Schießen mit Druckluft-, Federdruckwaffen und Waffen, bei denen zum Antrieb der Geschosse kalte Treibgase verwendet werden (Anlage 2 Abschnitt 2 Unterabschnitt 2 Nr. 1.1 und 1.2), gestattet werden. Bei Kindern hat der Betreiber sicherzustellen, daß die verantwortliche Aufsichtsperson in jedem Fall nur einen Schützen bedient.

(7) **Das kampfmäßige Schießen auf Schießstätten ist nicht zulässig.** Das Bundesministerium des Innern wird ermächtigt, durch Rechtsverordnung mit Zustimmung des Bundesrates zur Abwehr von Gefahren für die öffentliche Sicherheit oder Ordnung sowie von sonstigen Gefahren oder erheblichen Nachteilen für die Benutzer einer Schießstätte, die Bewohner des Grundstücks, die Nachbarschaft oder die Allgemeinheit

1. die Benutzung von Schießstätten einschließlich der Aufsicht über das Schießen und der Anforderungen an das Aufsichtspersonal und dessen besondere Ausbildung für die Kinder- und Jugendarbeit zu regeln,

2. Vorschriften über den Umfang der Verpflichtungen zu erlassen, die bei Lehrgängen zur Ausbildung in der Verteidigung mit Schußwaffen und bei Schießübungen dieser Art einzuhalten sind; darin kann bestimmt werden,

a) daß die Durchführung dieser Veranstaltungen einer Anzeige bedarf,

b) daß und in welcher Weise der Veranstalter die Einstellung und das Ausscheiden der verantwortlichen Aufsichtsperson und der Ausbilder anzuzeigen hat,

c) daß nur Personen an den Veranstaltungen teilnehmen dürfen, die aus Gründen persönlicher Gefährdung, aus dienstlichen oder beruflichen Gründen zum Besitz oder zum Führen von Schußwaffen einer Erlaubnis bedürfen,

d) daß und in welcher Weise der Veranstalter Aufzeichnungen zu führen, aufzubewahren und der zuständigen Behörde vorzulegen hat,

e) daß die zuständige Behörde die Veranstaltungen untersagen darf, wenn der Veranstalter, die verantwortliche Aufsichtsperson oder ein Ausbilder die erforderliche Zuverlässigkeit, die persönliche Eignung oder Sachkunde nicht oder nicht mehr besitzt,

3. Vorschriften über die sicherheitstechnische Prüfung von Schießstätten zu erlassen.

§ 28 Erwerb, Besitz und Führen von Schußwaffen und Munition durch Bewachungsunternehmer und ihr Bewachungspersonal

(1) Ein Bedürfnis zum Erwerb, Besitz und Führen von Schußwaffen wird bei einem Bewachungsunternehmer (§ 34a der Gewerbeordnung) anerkannt, wenn er **glaubhaft** macht, daß **Bewachungsaufträge wahrgenommen werden** oder werden sollen, die aus Gründen der Sicherung einer gefährdeten Person im Sinne des § 19 oder eines gefährdeten Objektes **Schußwaffen erfordern**. Satz 1 gilt entsprechend für Wachdienste als Teil wirtschaftlicher Unternehmungen. Ein nach den Sätzen 1 und 2 glaubhaft gemachtes Bedürfnis umfaßt auch den Erwerb und Besitz der für die dort genannten Schußwaffen bestimmten Munition.

(2) Die Schußwaffe darf nur bei der tatsächlichen Durchführung eines konkreten Auftrages nach Absatz 1 geführt werden. Der Unternehmer hat dies auch bei seinem Bewachungspersonal in geeigneter Weise sicherzustellen.

(3) Wachpersonen, die auf Grund eines Arbeitsverhältnisses Schußwaffen des Erlaubnisinhabers nach dessen Weisung besitzen oder führen sollen, sind der zuständigen Behörde zur Prüfung zu

benennen; der Unternehmer soll die betreffende Wachperson in geeigneter Weise vorher über die Benennung unter Hinweis auf die Erforderlichkeit der Speicherung und Verarbeitung personenbezogener Daten bei der Behörde unterrichten. Die Überlassung von Schußwaffen oder Munition darf erst erfolgen, wenn die zuständige Behörde zugestimmt hat. Die Zustimmung ist zu versagen, wenn die Wachperson nicht die Voraussetzungen des § 4 Abs. 1 Nr. 1 bis 3 erfüllt oder die Haftpflichtversicherung des Bewachungsunternehmers das Risiko des Umgangs mit Schußwaffen durch die Wachpersonen nicht umfaßt.

(4) In einen Waffenschein nach § 10 Abs. 4 kann auch der Zusatz aufgenommen werden, daß die in Absatz 3 bezeichneten Personen die ihnen überlassenen Waffen nach Weisung des Erlaubnisinhabers führen dürfen.

§ 29 Verbringen von Waffen oder Munition in den Geltungsbereich des Gesetzes

(1) Die Erlaubnis zum Verbringen von Schußwaffen oder Munition nach Anlage 1 Abschnitt 3 (Kategorien A bis D) und sonstiger Waffen oder Munition, deren Erwerb und Besitz der Erlaubnis bedürfen, in den Geltungsbereich des Gesetzes kann erteilt werden, wenn

1. der Empfänger zum Erwerb oder Besitz dieser Waffen oder Munition berechtigt ist und

2. der sichere Transport durch einen zum Erwerb oder Besitz dieser Waffen oder Munition Berechtigten gewährleistet ist.

(2) Sollen Schußwaffen oder Munition nach Anlage 1 Abschnitt 3 (Kategorien A ***1.2*** bis D) aus einem anderen Mitgliedstaat der Europäischen Union (Mitgliedstaat) in den Geltungsbereich des Gesetzes verbracht werden, wird die Erlaubnis nach Absatz 1 als Zustimmung zu der Erlaubnis des anderen Mitgliedstaates für das betreffende Verbringen erteilt.

§ 30 Verbringen von Waffen oder Munition durch den Geltungsbereich des Gesetzes

(1) Die Erlaubnis zum Verbringen von Waffen oder Munition im Sinne des § 29 Abs. 1 durch den Geltungsbereich des Gesetzes kann erteilt werden, wenn der sichere Transport durch einen zum Erwerb oder Besitz dieser Waffen oder Munition Berechtigten gewährleistet ist. § 29 Abs. 2 gilt entsprechend.

(2) Sollen Schußwaffen oder Munition nach Anlage 1 Abschnitt 3 (Kategorien A bis D) aus einem Staat, der nicht Mitgliedstaat der Europäischen Union ist (Drittstaat), durch den Geltungsbereich des Gesetzes in einen Mitgliedstaat verbracht werden, so bedarf die Erlaubnis zu dem Verbringen nach Absatz 1 auch, soweit die Zustimmung des anderen Mitgliedstaates erforderlich ist, dessen vorheriger Zustimmung.

§ 31 Verbringen von Waffen oder Munition aus dem Geltungsbereich des Gesetzes in andere Mitgliedstaaten der Europäischen Union

(1) Die Erlaubnis zum Verbringen von Schußwaffen oder Munition nach Anlage 1 Abschnitt 3 (Kategorien A bis D) aus dem Geltungsbereich des Gesetzes in einen anderen Mitgliedstaat kann erteilt werden, wenn die nach dem Recht des anderen Mitgliedstaates erforderliche vorherige Zustimmung vorliegt und der sichere Transport durch einen zum Erwerb oder Besitz dieser Waffen oder Munition Berechtigten gewährleistet ist.

(2) Gewerbsmäßigen Waffenherstellern oder -händlern (§ 21) kann allgemein die Erlaubnis nach Absatz 1 zum Verbringen aus dem Geltungsbereich des Gesetzes zu Waffenhändlern in anderen Mitgliedstaaten für die Dauer von bis zu drei Jahren erteilt werden. Die Erlaubnis kann auf bestimmte Arten von Schußwaffen oder Munition beschränkt werden. Der Inhaber einer Erlaubnis nach Satz 1 hat ein Verbringen dem Bundeskriminalamt vorher schriftlich anzuzeigen.

§ 32 Mitnahme von Waffen oder Munition in den, durch den oder aus dem Geltungsbereich des Gesetzes, Europäischer Feuerwaffenpass

(1) Die Erlaubnis zur Mitnahme von Schußwaffen oder Munition nach Anlage 1 Abschnitt 3 (Kategorien A bis D) und sonstiger Waffen oder Munition, deren Erwerb und Besitz der Erlaubnis bedürfen, in den oder durch den Geltungsbereich des Gesetzes kann erteilt werden, wenn die Voraussetzungen des § 4 Abs. 1 Nr. 1 bis 4 vorliegen. Die Erlaubnis kann für die Dauer von bis zu einem Jahr für einen oder für mehrere Mitnahmevorgänge erteilt werden und kann mehrfach um jeweils ein Jahr verlängert werden. Für Personen aus einem Drittstaat gilt bei der Mitnahme von Schußwaffen oder Munition nach Anlage 1 Abschnitt 3 (Kategorien A bis D) durch den Geltungsbereich des Gesetzes in einen anderen Mitgliedstaat § 30 Abs. 2 entsprechend.

(2) Eine Erlaubnis nach Absatz 1 darf Personen, die ihren gewöhnlichen Aufenthalt in einem anderen Mitgliedstaat haben und Schußwaffen nach Anlage 1 Abschnitt 3 (Kategorien A bis D) und die dafür bestimmte Munition nach Absatz 1 mitnehmen wollen, nur erteilt werden, wenn sie Inhaber eines durch diesen Mitgliedstaat ausgestellten Europäischen Feuerwaffenpasses sind und die Waffen in den Europäischen Feuerwaffenpaß eingetragen sind.

(3) Einer Erlaubnis nach Absatz 1 bedarf es unter den Voraussetzungen des Absatzes 2 nicht für

1. Jäger, die bis zu drei Langwaffen nach Anlage 1 Abschnitt 3 der Kategorien C und D und die dafür bestimmte Munition im Sinne des § 13 Abs. 1 Nr. 2, Abs. 5 zum Zweck der Jagd,

2. Sportschützen, die bis zu sechs Schußwaffen nach Anlage 1 Abschnitt 3 der Kategorien B, C oder D und die dafür bestimmte Munition zum Zweck des Schießsports,

3. Brauchtumsschützen, die bis zu drei Einzellader- oder Repetier-Langwaffen nach Anlage 1 Abschnitt 3 Kategorien C und D und die dafür bestimmte Munition zur Teilnahme an einer Brauchtumsveranstaltung

mitnehmen, sofern sie den Grund der Mitnahme nachweisen können.

(4) Zu den in Absatz 3 Nr. 1 bis 3 beschriebenen Zwecken kann für die dort jeweils genannten Waffen und Munition Personen, die ihren gewöhnlichen Aufenthalt in einem Drittstaat haben, abweichend von Absatz 1 eine Erlaubnis erteilt werden, es sei denn, daß Tatsachen die Annahme rechtfertigen, daß die Voraussetzungen des § 4 Abs. 1 Nr. 2 nicht vorliegen.

(5) Einer Erlaubnis zur Mitnahme von Waffen oder Munition in den oder durch den Geltungsbereich des Gesetzes bedarf es nicht

1. für Waffen oder Munition, die durch Inhaber einer Erlaubnis zum Erwerb oder Besitz für diese Waffen oder Munition mitgenommen werden, ~~oder~~

2. für Signalwaffen und die dafür bestimmte Munition, die aus Gründen der Sicherheit an Bord von Schiffen mitgeführt werden *oder*

3. für Waffen und Munition, die an Bord von Schiffen oder Luftfahrzeugen mitgeführt, während des Aufenthalts im Geltungsbereich dieses Gesetzes unter Verschluß gehalten, der zuständigen Überwachungsbehörde unter Angabe des Hersteller- oder Warenzeichens, der Modellbezeichnung und, wenn die Waffen eine Herstellungsnummer haben, auch dieser, unverzüglich gemeldet und spätestens innerhalb eines Monats wieder aus dem Geltungsbereich des Gesetzes befördert werden.

(6) Personen, die ihren gewöhnlichen Aufenthalt im Geltungsbereich des Gesetzes haben und Schußwaffen oder Munition nach Anlage 1 Abschnitt 3 (Kategorien A bis D) in einen anderen Mitgliedstaat mitnehmen wollen, wird ein Europäischer Feuerwaffenpaß ausgestellt, wenn sie zum Besitz der Waffen, die in den Europäischen Feuerwaffenpaß eingetragen werden sollen, berechtigt sind.

§ 33 Anmelde- und Nachweispflicht bei Verbringen oder Mitnahme von Waffen oder Munition in den oder durch den Geltungsbereich des Gesetzes

(1) Waffen oder Munition im Sinne des § 29 Abs. 1 hat derjenige, der sie aus einem Drittstaat in den oder durch den Geltungsbereich dieses Gesetzes verbringen oder mitnehmen will, bei der nach Absatz 3 zuständigen Überwachungsbehörde beim Verbringen oder bei der Mitnahme anzumelden und auf Verlangen vorzuführen und die Berechtigung zum Verbringen oder zur Mitnahme nachzuweisen. Auf Verlangen sind diese Nachweise den Überwachungsbehörden zur Prüfung auszuhändigen.

(2) Die nach Absatz 3 zuständigen Überwachungsbehörden können Beförderungsmittel und -behälter sowie deren Lade- und Verpackungsmittel anhalten, um zu prüfen, ob die für das Verbringen oder die Mitnahme in den Geltungsbereich dieses Gesetzes geltenden Bestimmungen eingehalten sind.

(3) Das Bundesministerium der Finanzen bestimmt die Zolldienststellen, das Bundesministerium des Innern bestimmt die Behörden der Bundespolizei, die bei der Überwachung des Verbringens und der Mitnahme von Waffen oder Munition mitwirken. Soweit der grenzpolizeiliche Einzeldienst von Kräften der Länder wahrgenommen wird (§ 2 Abs. 1 und 3 des Bundespolizeigesetzes), wirken diese bei der Überwachung mit.

§ 34 Überlassen von Waffen oder Munition, Prüfung der Erwerbsberechtigung, Anzeigepflicht

(1) Waffen oder Munition dürfen nur berechtigten Personen überlassen werden. Die Berechtigung muß offensichtlich sein oder nachgewiesen werden. Werden sie zur gewerbsmäßigen Beförderung überlassen, müssen die ordnungsgemäße Beförderung sichergestellt und Vorkehrungen gegen ein Abhandenkommen getroffen sein. Munition darf gewerbsmäßig nur in verschlossenen Packungen überlassen werden; dies gilt nicht im Fall des Überlassens auf Schießstätten gemäß § 12 Abs. 2 Nr. 2 oder soweit einzelne Stücke von Munitionssammlern erworben werden. Wer Waffen oder Munition einem anderen lediglich zur gewerbsmäßigen Beförderung (§ 12 Abs. 1 Nr. 2, Abs. 2 Nr. 1) an einen Dritten übergibt, überläßt sie dem Dritten.

(2) Der Inhaber einer Erlaubnis nach § 21 Abs. 1 Satz 1, der einem anderen auf Grund einer Erlaubnis nach § 10 Abs. 1 oder einer gleichgestellten anderen Erlaubnis zum Erwerb und Besitz eine Schußwaffe überläßt, hat in die Waffenbesitzkarte unverzüglich Herstellerzeichen oder Marke und - wenn gegeben - die Herstellungsnummer der Waffe, ferner den Tag des Überlassens und die Bezeichnung und den Sitz des Betriebs dauerhaft einzutragen und das Überlassen binnen zwei Wochen der zuständigen Behörde schriftlich anzuzeigen. Überläßt sonst jemand einem anderen eine Schußwaffe, zu deren Erwerb es einer Erlaubnis bedarf, so hat er dies binnen zwei Wochen der zuständigen Behörde schriftlich anzuzeigen und ihr, sofern ihm eine Waffenbesitzkarte oder ein Europäischer Feuerwaffenpaß erteilt worden ist, diese zur

Berichtigung vorzulegen; dies gilt nicht in den Fällen des § 12 Abs. 1. In der Anzeige nach den Sätzen 1 und 2 sind anzugeben Name, Vorname, Geburtsdatum, Geburtsort und Wohnanschrift des Erwerbers sowie Art und Gültigkeitsdauer der Erwerbs- und Besitzberechtigung. Bei Nachweis der Erwerbs und Besitzerlaubnis durch eine Waffenbesitzkarte sind darüber hinaus deren Nummer und ausstellende Behörde anzugeben. Bei Überlassung an einen Erlaubnisinhaber nach § 21 Abs. 1 Satz 1 sind in der Anzeige lediglich der Name der Firma und die Anschrift der Niederlassung anzugeben.

(3) Die Absätze 1 und 2 gelten nicht für denjenigen, der Schußwaffen oder Munition einem anderen, der sie außerhalb des Geltungsbereichs des Gesetzes erwirbt, insbesondere im Versandwege unter eigenem Namen überläßt. Die Vorschriften des § 31 bleiben unberührt.

(4) Wer Personen, die ihren gewöhnlichen Aufenthalt in einem anderen Mitgliedstaat der Europäischen Union haben, eine Schußwaffe nach Anlage 1 Abschnitt 3 (Kategorien B und C) oder Munition für eine solche überläßt, hat dies unverzüglich dem Bundeskriminalamt schriftlich anzuzeigen; dies gilt nicht in den Fällen des § 12 Abs. 1 Nr. 1 und 5.

(5) Wer erlaubnispflichtige Feuerwaffen nach Anlage 1 Abschnitt 1 Unterabschnitt 1 Nr. 2, ausgenommen Einzellader-Langwaffen mit nur glattem Lauf oder glatten Läufen, und deren wesentliche Teile, Schalldämpfer und tragbare Gegenstände nach Anlage 1 Abschnitt 1 Unterabschnitt 1 Nr. 1.2.1 einem anderen, der seinen gewöhnlichen Aufenthalt in einem Mitgliedstaat des Übereinkommens vom 28. Juni 1978 über die Kontrolle des Erwerbs und Besitzes von Schußwaffen durch Einzelpersonen (BGBl. 1980 II S. 953) hat, überläßt, dorthin versendet oder ohne Wechsel des Besitzers endgültig dorthin verbringt, hat dies unverzüglich dem Bundeskriminalamt schriftlich anzuzeigen. Dies gilt nicht

1. für das Überlassen und Versenden der in Satz 1 bezeichneten Gegenstände an staatliche Stellen in einem dieser Staaten und in den Fällen, in denen Unternehmen Schußwaffen zur Durchführung von Kooperationsvereinbarungen zwischen Staaten oder staatlichen Stellen überlassen werden, sofern durch Vorlage einer Bescheinigung von Behörden des Empfangsstaates nachgewiesen wird, daß diesen Behörden der Erwerb bekannt ist, oder

2. soweit Anzeigepflichten nach Absatz 4 oder nach § 31 Abs. 2 Satz 3 bestehen.

(6) Das Bundesministerium des Innern wird ermächtigt, durch Rechtsverordnung mit Zustimmung des Bundesrates zur Abwehr von Gefahren für Leben und Gesundheit von Menschen zu bestimmen, daß in den in den Absätzen 2, 4 und 5 bezeichneten Anzeigen weitere Angaben zu machen oder den Anzeigen weitere Unterlagen beizufügen sind.

§ 35 Werbung, Hinweispflichten, Handelsverbote

(1) Wer Waffen oder Munition zum Kauf oder Tausch in Anzeigen oder Werbeschriften anbietet, hat bei den nachstehenden Waffenarten auf das Erfordernis der Erwerbsberechtigung jeweils wie folgt hinzuweisen:

1. bei erlaubnispflichtigen Schußwaffen und erlaubnispflichtiger Munition: Abgabe nur an Inhaber einer Erwerbserlaubnis,

2. bei nicht erlaubnispflichtigen Schußwaffen und nicht erlaubnispflichtiger Munition sowie sonstigen Waffen: Abgabe nur an Personen mit vollendetem 18. Lebensjahr,

3. bei verbotenen Waffen: Abgabe nur an Inhaber einer Ausnahmegenehmigung,

sowie seinen Namen, seine Anschrift und gegebenenfalls seine eingetragene Marke bekannt zu geben. Anzeigen und Werbeschriften nach Satz 1 dürfen nur veröffentlicht werden, wenn sie den

Namen und die Anschrift des Anbieters sowie die von ihm je nach Waffenart mitzuteilenden Hinweise enthalten. Satz 2 gilt nicht für die Bekanntgabe der Personalien des nicht gewerblichen Anbieters, wenn dieser der Bekanntgabe widerspricht. Derjenige, der die Anzeige oder Werbeschrift veröffentlicht, ist im Fall des Satzes 3 gegenüber der zuständigen Behörde verpflichtet, die Urkunden über den Geschäftsvorgang ein Jahr lang aufzubewahren und dieser auf Verlangen Einsicht zu gewähren.

(2) Dürfen Schußwaffen nur mit Erlaubnis geführt oder darf mit ihnen nur mit Erlaubnis geschossen werden, so hat der Inhaber einer Erlaubnis nach § 21 Abs. 1 bei ihrem Überlassen im Einzelhandel den Erwerber auf das Erfordernis des Waffenscheins oder der Schießerlaubnis hinzuweisen. Beim Überlassen von Schreckschuß-, Reizstoff oder Signalwaffen im Sinne des § 10 Abs. 4 Satz 4 hat der Inhaber einer Erlaubnis nach § 21 Abs. 1 überdies auf die Strafbarkeit des Führens ohne Erlaubnis (Kleiner Waffenschein) hinzuweisen und die Erfüllung dieser sowie der Hinweispflicht nach Satz 1 zu protokollieren.

(3) Der Vertrieb und das Überlassen von Schußwaffen, Munition, Hieb- oder Stoßwaffen ist verboten:

1. im Reisegewerbe, ausgenommen in den Fällen des § 55b Abs. 1 der Gewerbeordnung,

2. auf festgesetzten Veranstaltungen im Sinne des Titels IV der Gewerbeordnung (Messen, Ausstellungen, Märkte), ausgenommen die Entgegennahme von Bestellungen auf Messen und Ausstellungen,

3. auf Volksfesten, Schützenfesten, Märkten, Sammlertreffen oder ähnlichen öffentlichen Veranstaltungen, ausgenommen das Überlassen der benötigten Schußwaffen oder Munition in einer Schießstätte sowie von Munition, die Teil einer Sammlung (§ 17 Abs. 1) oder für eine solche bestimmt ist.

Die zuständige Behörde kann Ausnahmen von den Verboten für ihren Bezirk zulassen, wenn öffentliche Interessen nicht entgegenstehen.

§ 36 Aufbewahrung von Waffen oder Munition

(1) Wer Waffen oder Munition besitzt, hat die erforderlichen Vorkehrungen zu treffen, um zu verhindern, daß diese Gegenstände abhanden kommen oder Dritte sie unbefugt an sich nehmen. Schußwaffen dürfen nur getrennt von Munition aufbewahrt werden, sofern nicht die Aufbewahrung in einem Sicherheitsbehältnis erfolgt, das mindestens der Norm DIN/EN 1143-1 Widerstandsgrad 0 (Stand Mai 1997) oder einer Norm mit gleichem Schutzniveau eines anderen Mitgliedstaates des Übereinkommens über den Europäischen Wirtschaftsraum (EWR-Mitgliedstaat) entspricht.

(2) Schußwaffen, deren Erwerb nicht von der Erlaubnispflicht freigestellt ist, und verbotene Waffen sind mindestens in einem der Norm DIN/EN 1143-1 Widerstandsgrad 0 (Stand Mai 1997) entsprechenden oder gleichwertigen Behältnis aufzubewahren; als gleichwertig gilt insbesondere ein Behältnis der Sicherheitsstufe B nach VDMA 24992 (Stand Mai 1995). Für bis zu zehn Langwaffen gilt die sichere Aufbewahrung auch in einem Behältnis als gewährleistet, das der Sicherheitsstufe A nach VDMA 24992 (Stand Mai 1995) oder einer Norm mit gleichem Schutzniveau eines anderen EWR-Mitgliedstaates entspricht. Vergleichbar gesicherte Räume sind als gleichwertig anzusehen.

(3) Wer Schußwaffen, Munition oder verbotene Waffen besitzt, hat der zuständigen Behörde die zur sicheren Aufbewahrung getroffenen Maßnahmen auf Verlangen nachzuweisen. Bestehen begründete Zweifel an einer sicheren Aufbewahrung, kann die Behörde vom Besitzer verlangen, daß dieser ihr zur Überprüfung der sicheren Aufbewahrung Zutritt zum Ort der Aufbewahrung gewährt. Wohnräume dürfen gegen den Willen des Inhabers nur zur Verhütung dringender

Gefahren für die öffentliche Sicherheit betreten werden; das Grundrecht der Unverletzlichkeit der Wohnung (Artikel 13 des Grundgesetzes) wird insoweit eingeschränkt.

(3) Wer erlaubnispflichtige Schußwaffen, Munition oder verbotene Waffen besitzt oder die Erteilung einer Erlaubnis zum Besitz beantragt hat, hat der zuständigen Behörde die zur sicheren Aufbewahrung getroffenen oder vorgesehenen Maßnahmen nachzuweisen. Besitzer von erlaubnispflichtigen Schußwaffen, Munition oder verbotenen Waffen haben außerdem der Behörde zur Überprüfung der Pflichten aus Absatz 1 und Absatz 2 Zutritt zu den Räumen zu gestatten, in denen die Waffen und die Munition aufbewahrt werden. Wohnräume dürfen gegen den Willen des Inhabers nur zur Verhütung dringender Gefahren für die öffentliche Sicherheit betreten werden; das Grundrecht der Unverletzlichkeit der Wohnung (Artikel 13 des Grundgesetzes) wird insoweit eingeschränkt.

(4) Entspricht die bisherige Aufbewahrung von Waffen oder Munition, deren Erwerb und Besitz ihrer Art nach der Erlaubnis bedarf, nicht den in diesem Gesetz oder in einer Rechtsverordnung nach Absatz 5 festgelegten Anforderungen, so hat der Besitzer bis zum 31. August 2003 die ergänzenden Vorkehrungen zur Gewährleistung einer diesen Anforderungen entsprechenden Aufbewahrung vorzunehmen. Dies ist gegenüber der zuständigen Behörde innerhalb der Frist des Satzes 1 anzuzeigen und nachzuweisen.

(5) Das Bundesministerium des Innern wird ermächtigt, nach Anhörung der beteiligten Kreise durch Rechtsverordnung mit Zustimmung des Bundesrates unter Berücksichtigung des Standes der Technik, der Art und Zahl der Waffen oder Munition und der Örtlichkeit von den Anforderungen an die Aufbewahrung abzusehen oder zusätzliche Anforderungen festzulegen. Dabei können auch Anforderungen an technische Sicherungssysteme zur Verhinderung einer unberechtigten Nutzung von Schußwaffen festgelegt werden.

(5) Das Bundesministerium des Innern wird ermächtigt, nach Anhörung der beteiligten Kreise durch Rechtsverordnung mit Zustimmung des Bundesrates unter Berücksichtigung des Standes der Technik, der Art und Zahl der Waffen, der Munition oder der Örtlichkeit von den Anforderungen an die Aufbewahrung abzusehen oder zusätzliche Anforderungen an die Aufbewahrung oder die Sicherung der Waffe festzulegen. Dabei können

1. Anforderungen an technische Sicherungssysteme zur Verhinderung einer unberechtigten Wegnahme oder Nutzung von Schußwaffen,

2. die Nachrüstung oder der Austausch vorhandener Sicherungssysteme,

3. die Ausstattung der Schußwaffe mit mechanischen, elektronischen oder biometrischen Sicherungssystemen

festgelegt werden.

(6) Ist im Einzelfall, insbesondere wegen der Art und Zahl der aufzubewahrenden Waffen oder Munition oder wegen des Ortes der Aufbewahrung, ein höherer Sicherheitsstandard erforderlich, hat die zuständige Behörde die notwendigen Ergänzungen anzuordnen und zu deren Umsetzung eine angemessene Frist zu setzen.

§ 37 Anzeigepflichten

(1) Wer Waffen oder Munition, deren Erwerb der Erlaubnis bedarf,

1. beim Tode eines Waffenbesitzers, als Finder oder in ähnlicher Weise,

2. als Insolvenzverwalter, Zwangsverwalter, Gerichtsvollzieher oder in ähnlicher Weise

in Besitz nimmt, hat dies der zuständigen Behörde unverzüglich anzuzeigen. Die zuständige Behörde kann die Waffen und die Munition sicherstellen oder anordnen, daß sie binnen angemessener Frist unbrauchbar gemacht oder einem Berechtigten überlassen werden und dies der zuständigen Behörde nachgewiesen wird. Nach fruchtlosem Ablauf der Frist kann die zuständige Behörde die Waffen oder Munition einziehen. **Ein Erlös aus der Verwertung steht dem nach bürgerlichem Recht bisher Berechtigten zu.**

(2) Sind jemandem Waffen oder Munition, deren Erwerb der Erlaubnis bedarf, oder Erlaubnisurkunden abhanden gekommen, so hat er dies der zuständigen Behörde unverzüglich anzuzeigen und, soweit noch vorhanden, die Waffenbesitzkarte und den Europäischen Feuerwaffenpaß zur Berichtigung vorzulegen. Die örtliche Behörde unterrichtet zum Zweck polizeilicher Ermittlungen die örtliche Polizeidienststelle über das Abhandenkommen.

(3) Wird eine Schußwaffe, zu deren Erwerb es einer Erlaubnis bedarf, oder eine verbotene Schußwaffe nach Anlage 2 Abschnitt 1 Nr. 1.2 nach den Anforderungen der Anlage 1 Abschnitt 1 Unterabschnitt 1 Nr. 1.4 unbrauchbar gemacht oder zerstört, so hat der Besitzer dies der zuständigen Behörde binnen zwei Wochen schriftlich anzuzeigen und ihr auf Verlangen den Gegenstand vorzulegen. Dabei hat er seine Personalien sowie Art, Kaliber, Herstellerzeichen oder Marke und - sofern vorhanden - die Herstellungsnummer der Schußwaffe anzugeben.

(4) Inhaber waffenrechtlicher Erlaubnisse und Bescheinigungen sind verpflichtet, bei ihrem Wegzug ins Ausland ihre neue Anschrift der zuletzt für sie zuständigen Waffenbehörde mitzuteilen.

§ 38 Ausweispflichten

Wer eine Waffe führt, muß

1. seinen Personalausweis oder Paß und

a) wenn es einer Erlaubnis zum Erwerb bedarf, die Waffenbesitzkarte oder, wenn es einer Erlaubnis zum Führen bedarf, den Waffenschein,

b) im Fall des Verbringens oder der Mitnahme einer Waffe oder von Munition im Sinne von § 29 Abs. 1 aus einem Drittstaat gemäß § 29 Abs. 1, § 30 Abs. 1 oder § 32 Abs. 1 den Erlaubnisschein, im Falle der Mitnahme auf Grund einer Erlaubnis nach § 32 Abs. 4 auch den Beleg für den Grund der Mitnahme,

c) im Fall des Verbringens einer Schußwaffe nach Anlage 1 Abschnitt 3 (Kategorien A bis D) gemäß § 29 Abs. 1 oder § 30 Abs. 1 aus einem anderen Mitgliedstaat den Erlaubnisschein dieses Staates oder eine Bescheinigung, die auf diesen Erlaubnisschein Bezug nimmt,

d) im Fall der Mitnahme einer Schußwaffe nach Anlage 1 Abschnitt 3 (Kategorien A bis D) aus einem anderen Mitgliedstaat gemäß § 32 Abs. 1 bis 3 den Europäischen Feuerwaffenpaß und im Falle des § 32 Abs. 3 zusätzlich einen Beleg für den Grund der Mitnahme,

e) im Fall der vorübergehenden Berechtigung zum Erwerb oder zum Führen auf Grund des § 12 Abs. 1 Nr. 1 und 2 oder § 28 Abs. 4 einen Beleg, aus dem der Name des Überlassers, des Besitzberechtigten und das Datum der Überlassung hervorgeht, oder

f) im Fall des Schießens mit einer Schießerlaubnis nach § 10 Abs. 5 diese,

und

2. in den Fällen des § 13 Abs. 6 den Jagdschein

mit sich führen und Polizeibeamten oder sonst zur Personenkontrolle Befugten auf Verlangen zur Prüfung aushändigen. In den Fällen des § 13 Abs. 3 und § 14 Abs. 4 Satz 2 genügt an Stelle der

Waffenbesitzkarte ein schriftlicher Nachweis darüber, daß die Antragsfrist noch nicht verstrichen oder ein Antrag gestellt worden ist. Satz 1 gilt nicht in Fällen des § 12 Abs. 3 Nr. 1.

§ 39 Auskunfts- und Vorzeigepflicht, Nachschau

(1) Wer Waffenherstellung, Waffenhandel oder eine Schießstätte betreibt, eine Schießstätte benutzt oder in ihr die Aufsicht führt, ein Bewachungsunternehmen betreibt, Veranstaltungen zur Ausbildung im Verteidigungsschießen durchführt oder sonst den Besitz über Waffen oder Munition ausübt, hat der zuständigen Behörde auf Verlangen oder, sofern dieses Gesetz einen Zeitpunkt vorschreibt, zu diesem Zeitpunkt die für die Durchführung dieses Gesetzes erforderlichen Auskünfte zu erteilen; eine entsprechende Pflicht gilt ferner für Personen, gegenüber denen ein Verbot nach § 41 Abs. 1 oder 2 ausgesprochen wurde. Sie können die Auskunft auf solche Fragen verweigern, deren Beantwortung sie selbst oder einen der in § 383 Abs. 1 Nr. 1 bis 3 der Zivilprozeßordnung bezeichneten Angehörigen der Gefahr strafrechtlicher Verfolgung oder eines Verfahrens nach dem Gesetz über Ordnungswidrigkeiten aussetzen würde. Darüber hinaus hat der Inhaber der Erlaubnis die Einhaltung von Auflagen nachzuweisen.

(2) Betreibt der Auskunftspflichtige Waffenherstellung, Waffenhandel, eine Schießstätte oder ein Bewachungsunternehmen, so sind die von der zuständigen Behörde mit der Überwachung des Betriebs beauftragten Personen berechtigt, Betriebsgrundstücke und Geschäftsräume während der Betriebs- und Arbeitszeit zu betreten, um dort Prüfungen und Besichtigungen vorzunehmen, Proben zu entnehmen und Einsicht in die geschäftlichen Unterlagen zu nehmen; zur Abwehr dringender Gefahren für die öffentliche Sicherheit oder Ordnung dürfen diese Arbeitsstätten auch außerhalb dieser Zeit sowie die Wohnräume des Auskunftspflichtigen gegen dessen Willen besichtigt werden. Das Grundrecht der Unverletzlichkeit der Wohnung (Artikel 13 des Grundgesetzes) wird insoweit eingeschränkt.

(3) Aus begründetem Anlaß kann die zuständige Behörde anordnen, daß der Besitzer von

1. Waffen oder Munition, deren Erwerb der Erlaubnis bedarf, oder
2. in Anlage 2 Abschnitt 1 bezeichneten verbotenen Waffen

ihr diese sowie Erlaubnisscheine oder Ausnahmebescheinigungen binnen angemessener, von ihr zu bestimmender Frist zur Prüfung vorlegt.

§ 40 Verbotene Waffen

(1) Das Verbot des Umgangs umfaßt auch das Verbot, zur Herstellung der in Anlage 2 Abschnitt 1 Nr. 1.3.4 bezeichneten Gegenstände anzuleiten oder aufzufordern.

(2) Das Verbot des Umgangs mit Waffen oder Munition ist nicht anzuwenden, soweit jemand auf Grund eines gerichtlichen oder behördlichen Auftrags tätig wird.

(3) Inhaber einer jagdrechtlichen Erlaubnis und Angehörige von Leder oder Pelz verarbeitenden Berufen dürfen abweichend von § 2 Abs. 3 Umgang mit Faustmessern nach Anlage 2 Abschnitt 1 Nr. 1.4.2 haben, sofern sie diese Messer zur Ausübung ihrer Tätigkeit benötigen. *Inhaber sprengstoffrechtlicher Erlaubnisse (§§ 7 und 27 des Sprengstoffgesetzes) und Befähigungsscheine (§ 20 des Sprengstoffgesetzes) sowie Teilnehmer staatlicher oder staatlich anerkannter Lehrgänge dürfen abweichend von § 2 Absatz 3 Umgang mit explosionsgefährlichen Stoffen oder Gegenständen nach Anlage 2 Abschnitt 1 Nummer 1.3.4 haben, soweit die durch die Erlaubnis oder den Befähigungsschein gestattete Tätigkeit oder die Ausbildung hierfür dies erfordern. Dies gilt insbesondere für Sprengarbeiten sowie Tätigkeiten im Katastrophenschutz*

oder im Rahmen von Theatern, vergleichbaren Einrichtungen, Film- und Fernsehproduktionsstätten sowie die Ausbildung für derartige Tätigkeiten.

(4) Das Bundeskriminalamt kann auf Antrag von den Verboten der Anlage 2 Abschnitt 1 allgemein oder für den Einzelfall Ausnahmen zulassen, wenn die Interessen des Antragstellers auf Grund besonderer Umstände das öffentliche Interesse an der Durchsetzung des Verbots überwiegen. Dies kann insbesondere angenommen werden, wenn die in der Anlage 2 Abschnitt 1 bezeichneten Waffen oder Munition zum Verbringen aus dem Geltungsbereich dieses Gesetzes, für wissenschaftliche oder Forschungszwecke oder zur Erweiterung einer kulturhistorisch bedeutsamen Sammlung bestimmt sind und eine erhebliche Gefahr für die öffentliche Sicherheit nicht zu befürchten ist.

(5) Wer eine in Anlage 2 Abschnitt 1 bezeichnete Waffe als Erbe, Finder oder in ähnlicher Weise in Besitz nimmt, hat dies der zuständigen Behörde unverzüglich anzuzeigen. Die zuständige Behörde kann die Waffen oder Munition sicherstellen oder anordnen, daß innerhalb einer angemessenen Frist die Waffen oder Munition unbrauchbar gemacht, von Verbotsmerkmalen befreit oder einem nach diesem Gesetz Berechtigten überlassen werden, oder daß der Erwerber einen Antrag nach Absatz 4 stellt. Das Verbot des Umgangs mit Waffen oder Munition wird nicht wirksam, solange die Frist läuft oder eine ablehnende Entscheidung nach Absatz 4 dem Antragsteller noch nicht bekannt gegeben worden ist.

§ 41 Waffenverbote für den Einzelfall

(1) Die zuständige Behörde kann jemandem den Besitz von Waffen oder Munition, deren Erwerb nicht der Erlaubnis bedarf, und den Erwerb solcher Waffen oder Munition untersagen,

1. soweit es zur Verhütung von Gefahren für die Sicherheit oder zur Kontrolle des Umgangs mit diesen Gegenständen geboten ist oder

2. wenn Tatsachen bekannt werden, die die Annahme rechtfertigen, daß der rechtmäßige Besitzer oder Erwerbswillige abhängig von Alkohol oder anderen berauschenden Mitteln, psychisch krank oder debil ist oder sonst die erforderliche persönliche Eignung nicht besitzt oder ihm die für den Erwerb oder Besitz solcher Waffen oder Munition erforderliche Zuverlässigkeit fehlt.

Im Fall des Satzes 1 Nr. 2 ist der Betroffene darauf hinzuweisen, daß er die Annahme mangelnder persönlicher Eignung im Wege der Beibringung eines amts- oder fachärztlichen oder fachpsychologischen Zeugnisses über die geistige oder körperliche Eignung ausräumen kann; § 6 Abs. 2 findet entsprechende Anwendung.

(2) Die zuständige Behörde kann jemandem den Besitz von Waffen oder Munition, deren Erwerb der Erlaubnis bedarf, untersagen, soweit es zur Verhütung von Gefahren für die Sicherheit oder Kontrolle des Umgangs mit diesen Gegenständen geboten ist.

(3) Die zuständige Behörde unterrichtet die örtliche Polizeidienststelle über den Erlaß eines Waffenbesitzverbotes.

§ 42 Verbot des Führens von Waffen bei öffentlichen Veranstaltungen

(1) Wer an öffentlichen Vergnügungen, Volksfesten, Sportveranstaltungen, Messen, Ausstellungen, Märkten oder ähnlichen öffentlichen Veranstaltungen teilnimmt, darf keine Waffen im Sinne des § 1 Abs. 2 führen.

(2) Die zuständige Behörde kann allgemein oder für den Einzelfall Ausnahmen von Absatz 1 zulassen, wenn

1. der Antragsteller die erforderliche Zuverlässigkeit (§ 5) und persönliche Eignung (§ 6) besitzt,

2. der Antragsteller nachgewiesen hat, daß er auf Waffen bei der öffentlichen Veranstaltung nicht verzichten kann, und

3. eine Gefahr für die öffentliche Sicherheit oder Ordnung nicht zu besorgen ist.

(3) Unbeschadet des § 38 muß der nach Absatz 2 Berechtigte auch den Ausnahmebescheid mit sich führen und auf Verlangen zur Prüfung aushändigen.

(4) Die Absätze 1 bis 3 sind nicht anzuwenden

1. auf die Mitwirkenden an Theateraufführungen und diesen gleich zu achtenden Vorführungen, wenn zu diesem Zweck ungeladene oder mit Kartuschenmunition geladene Schußwaffen oder Waffen im Sinne des § 1 Abs. 2 Nr. 2 geführt werden,

2 .auf das Schießen in Schießstätten (§ 27),

3. soweit eine Schießerlaubnis nach § 10 Abs. 5 vorliegt,

4. auf das gewerbliche Ausstellen der in Absatz 1 genannten Waffen auf Messen und Ausstellungen.

(5) Die Landesregierungen werden ermächtigt, durch Rechtsverordnung vorzusehen, daß das Führen von Waffen im Sinne des § 1 Abs. 2 auf bestimmten öffentlichen Straßen, Wegen oder Plätzen allgemein oder im Einzelfall verboten oder beschränkt werden kann, soweit an dem jeweiligen Ort wiederholt

1. Straftaten unter Einsatz von Waffen oder

2. Raubdelikte, Körperverletzungsdelikte, Bedrohungen, Nötigungen, Sexualdelikte, Freiheitsberaubungen oder Straftaten gegen das Leben

begangen worden sind und Tatsachen die Annahme rechtfertigen, daß auch künftig mit der Begehung solcher Straftaten zu rechnen ist. In der Rechtsverordnung nach Satz 1 soll bestimmt werden, daß die zuständige Behörde allgemein oder für den Einzelfall Ausnahmen insbesondere für Inhaber waffenrechtlicher Erlaubnisse, Anwohner und Gewerbetreibende zulassen kann, soweit eine Gefährdung der öffentlichen Sicherheit nicht zu besorgen ist. Im Falle des Satzes 2 gilt Absatz 3 entsprechend. Die Landesregierungen können ihre Befugnis nach Satz 1 in Verbindung mit Satz 2 durch Rechtsverordnung auf die zuständige oberste Landesbehörde übertragen; diese kann die Befugnis durch Rechtsverordnung weiter übertragen.

§ 42a Verbot des Führens von Anscheinswaffen und bestimmten tragbaren Gegenständen

(1) Es ist verboten

1. Anscheinswaffen,

2. Hieb- und Stoßwaffen nach Anlage 1 Abschnitt 1 Unterabschnitt 2 Nr. 1.1 oder

3. Messer mit einhändig feststellbarer Klinge (Einhandmesser) oder feststehende Messer mit einer Klingenlänge über 12 cm

zu führen.

(2) Absatz 1 gilt nicht

1. für die Verwendung bei Foto-, Film- oder Fernsehaufnahmen oder Theateraufführungen,

2. für den Transport in einem **verschlossenen** Behältnis,

3. für das Führen der Gegenstände nach Absatz 1 Nr. 2 und 3, sofern ein **berechtigtes Interesse** vorliegt.

Weitergehende Regelungen bleiben unberührt.

(3) Ein **berechtigtes Interesse** nach Absatz 2 Nr. 3 liegt insbesondere vor, wenn das Führen der Gegenstände im Zusammenhang mit der Berufsausübung erfolgt, der Brauchtumspflege, dem Sport oder einem allgemein anerkannten Zweck dient.

§ 43 Erhebung und Übermittlung personenbezogener Daten

(1) Die für die Ausführung dieses Gesetzes zuständigen Behörden dürfen personenbezogene Daten auch ohne Mitwirkung des Betroffenen in den Fällen des § 5 Abs. 5 und des § 6 Abs. 1 Satz 3 und 4 erheben. Sonstige Rechtsvorschriften des Bundes- oder Landesrechts, die eine Erhebung ohne Mitwirkung des Betroffenen vorsehen oder zwingend voraussetzen, bleiben unberührt.

(2) Öffentliche Stellen im Geltungsbereich dieses Gesetzes sind auf Ersuchen der zuständigen Behörde verpflichtet, dieser im Rahmen datenschutzrechtlicher Übermittlungsbefugnisse personenbezogene Daten zu übermitteln, soweit die Daten nicht wegen überwiegender öffentlicher Interessen geheim gehalten werden müssen.

§ 43a Nationales Waffenregister

Bis zum 31. Dezember 2012 ist ein Nationales Waffenregister zu errichten, in dem bundesweit insbesondere Schußwaffen, deren Erwerb und Besitz der Erlaubnis bedürfen, sowie Daten von Erwerbern, Besitzern und Überlassern dieser Schußwaffen elektronisch auswertbar zu erfassen und auf aktuellem Stand zu halten sind.

§ 44 Übermittlung an und von Meldebehörden

(1) Die für die Erteilung einer waffenrechtlichen Erlaubnis zuständige Behörde teilt der für den Antragsteller zuständigen Meldebehörde die erstmalige Erteilung einer Erlaubnis mit. Sie unterrichtet ferner diese Behörde, wenn eine Person über keine waffenrechtlichen Erlaubnisse mehr verfügt.

(2) Die Meldebehörden teilen den Waffenerlaubnisbehörden Namensänderungen, *Zuzug*, Wegzug und Tod der Einwohner mit, für die das Vorliegen einer waffenrechtlichen Erlaubnis gespeichert ist.

§ 44a Behördliche Aufbewahrungspflichten

(1) Die für die Ausführung dieses Gesetzes zuständigen Behörden haben alle Unterlagen, die für die Feststellung der gegenwärtigen und früheren Besitzverhältnisse sowie die Rückverfolgung von Verkaufswegen erforderlich sind, aufzubewahren.

(2) Die Aufbewahrungspflicht bezieht sich sowohl auf eigene Unterlagen als auch auf nach § 17 Abs. 6 Satz 2 und 3 der Allgemeinen Waffengesetz-Verordnung vom 27. Oktober 2003 (BGBl. I S. 2123), die zuletzt durch Artikel 2 des Gesetzes vom 26. März 2008 (BGBl. I S. 426) geändert worden ist, übernommene Waffenherstellungs- und Waffenhandelsbücher.

(3) Für die Waffenherstellungsbücher beträgt die Aufbewahrungsfrist mindestens 30 Jahre. Für alle anderen Unterlagen einschließlich der Einfuhr- und Ausfuhraufzeichnungen beträgt die Aufbewahrungsfrist mindestens 20 Jahre.

§ 45 Rücknahme und Widerruf

(1) Eine Erlaubnis nach diesem Gesetz ist zurückzunehmen, wenn nachträglich bekannt wird, daß die Erlaubnis hätte versagt werden müssen.

(2) Eine **Erlaubnis** nach diesem Gesetz **ist zu widerrufen**, wenn nachträglich Tatsachen eintreten, die zur Versagung hätten führen müssen. Eine Erlaubnis nach diesem Gesetz kann auch widerrufen werden, wenn inhaltliche Beschränkungen nicht beachtet werden.

(3) Bei einer **Erlaubnis kann** abweichend von Absatz 2 Satz 1 im Fall eines vorübergehenden Wegfalls des Bedürfnisses, aus besonderen Gründen auch in Fällen des endgültigen Wegfalls des Bedürfnisses, **von einem Widerruf abgesehen werden**. Satz 1 gilt nicht, sofern es sich um eine **Erlaubnis zum Führen** einer Waffe handelt.

(4) Verweigert ein Betroffener im Fall der Überprüfung des weiteren Vorliegens von in diesem Gesetz oder in einer auf Grund dieses Gesetzes erlassenen Rechtsverordnung vorgeschriebenen Tatbestandsvoraussetzungen, bei deren Wegfall ein Grund zur Rücknahme oder zum Widerruf einer Erlaubnis oder Ausnahmebewilligung gegeben wäre, seine Mitwirkung, so kann die Behörde deren Wegfall vermuten. Der Betroffene ist hierauf hinzuweisen.

(5) Widerspruch und Anfechtungsklage gegen Maßnahmen nach Absatz 1 und Absatz 2 Satz 1 haben keine aufschiebende Wirkung, sofern die Erlaubnis wegen des Nichtvorliegens oder Entfallens der Voraussetzungen nach § 4 Abs. 1 Nr. 2 zurückgenommen oder widerrufen wird.

§ 46 Weitere Maßnahmen

(1) Werden Erlaubnisse nach diesem Gesetz zurückgenommen oder widerrufen, so hat der Inhaber alle Ausfertigungen der Erlaubnisurkunde der zuständigen Behörde unverzüglich zurückzugeben. Das Gleiche gilt, wenn die Erlaubnis erloschen ist.

(2) Hat jemand auf Grund einer Erlaubnis, die zurückgenommen, widerrufen oder erloschen ist, Waffen oder Munition erworben oder befugt besessen, und besitzt er sie noch, so **kann** die zuständige Behörde **anordnen**, daß er binnen angemessener Frist die Waffen oder Munition dauerhaft unbrauchbar macht oder einem Berechtigten überläßt und den Nachweis darüber gegenüber der Behörde führt. Nach fruchtlosem Ablauf der Frist kann die zuständige Behörde die Waffen oder Munition sicherstellen.

(3) Besitzt jemand ohne die erforderliche Erlaubnis oder entgegen einem vollziehbaren Verbot nach § 41 Abs. 1 oder 2 eine Waffe oder Munition, so **kann** die zuständige Behörde **anordnen**, daß er binnen **angemessener** Frist

1. die Waffe oder Munition dauerhaft unbrauchbar macht oder einem Berechtigten überläßt oder
2. im Fall einer verbotenen Waffe oder Munition die Verbotsmerkmale beseitigt und
3. den Nachweis darüber gegenüber der Behörde führt.

Nach fruchtlosem Ablauf der Frist kann die zuständige Behörde die Waffe oder Munition sicherstellen.

(4) Die zuständige Behörde kann Erlaubnisurkunden sowie die in den Absätzen 2 und 3 bezeichneten Waffen oder Munition sofort sicherstellen

1. in Fällen eines vollziehbaren Verbots nach § 41 Abs. 1 oder 2 oder

2. soweit Tatsachen die Annahme rechtfertigen, daß die Waffen oder Munition mißbräuchlich verwendet oder von einem Nichtberechtigten erworben werden sollen.

Zu diesem Zweck sind die Beauftragten der zuständigen Behörde berechtigt, die Wohnung des Betroffenen zu betreten und diese nach Urkunden, Waffen oder Munition zu durchsuchen; Durchsuchungen dürfen nur durch den Richter, bei Gefahr im Verzug auch durch die zuständige Behörde angeordnet werden; das **Grundrecht der Unverletzlichkeit der Wohnung** (Artikel 13 des Grundgesetzes) wird insoweit **eingeschränkt**. Widerspruch und Anfechtungsklage haben **keine aufschiebende Wirkung.**

(5) Sofern der bisherige Inhaber nicht innerhalb eines Monats nach Sicherstellung einen empfangsbereiten Berechtigten benennt oder im Fall der Sicherstellung verbotener Waffen oder Munition nicht in dieser Frist eine Ausnahmezulassung nach § 40 Abs. 4 beantragt, kann die zuständige Behörde die sichergestellten Waffen oder Munition einziehen und verwerten *oder vernichten*. Dieselben Befugnisse besitzt die zuständige Behörde im Fall der unanfechtbaren Versagung einer für verbotene Waffen oder Munition vor oder rechtzeitig nach der Sicherstellung beantragten Ausnahmezulassung nach § 40 Abs. 4. Der Erlös aus einer Verwertung der Waffen oder Munition steht nach Abzug der Kosten der Sicherstellung, Verwahrung und Verwertung dem nach bürgerlichem Recht bisher Berechtigten zu.

§ 47 Verordnungen zur Erfüllung internationaler Vereinbarungen oder zur Angleichung an Gemeinschaftsrecht

Das Bundesministerium des Innern wird ermächtigt, mit Zustimmung des Bundesrates zur Erfüllung von Verpflichtungen aus internationalen Vereinbarungen oder zur Erfüllung bindender Beschlüsse der Europäischen Union, die Sachbereiche dieses Gesetzes betreffen, Rechtsverordnungen zu erlassen, die insbesondere

1. Anforderungen an das Überlassen und Verbringen von Waffen oder Munition an Personen, die ihren gewöhnlichen Aufenthalt außerhalb des Geltungsbereichs des Gesetzes haben, festlegen und

2. das Verbringen und die vorübergehende Mitnahme von Waffen oder Munition in den Geltungsbereich des Gesetzes sowie

3. die zu den Nummern 1 und 2 erforderlichen Bescheinigungen, Mitteilungspflichten und behördlichen Maßnahmen

regeln.

§ 48 Sachliche Zuständigkeit

(1) Die Landesregierungen oder die von ihnen durch Rechtsverordnung bestimmten Stellen können durch Rechtsverordnung die für die Ausführung dieses Gesetzes zuständigen Behörden bestimmen, soweit nicht Bundesbehörden zuständig sind.

(2) Das Bundesverwaltungsamt ist die zuständige Behörde für

1. ausländische Diplomaten, Konsularbeamte und gleichgestellte sonstige bevorrechtigte ausländische Personen,

2. ausländische Angehörige der in der Bundesrepublik Deutschland stationierten ausländischen Streitkräfte sowie deren Ehegatten und unterhaltsberechtigte Kinder,

3. Personen, die zum Schutze ausländischer Luftfahrzeuge und Seeschiffe eingesetzt sind,

4. Deutsche im Sinne des Artikels 116 des Grundgesetzes, die ihren gewöhnlichen Aufenthalt außerhalb des Geltungsbereichs dieses Gesetzes haben; dies gilt nicht für die in den §§ 21 und 28 genannten Personen, wenn sich der Sitz des Unternehmens im Geltungsbereich dieses Gesetzes befindet.

(3) Zuständig für die Entscheidungen nach § 2 Abs. 5 ist das Bundeskriminalamt.

(4) Verwaltungsverfahren nach diesem Gesetz oder auf Grund dieses Gesetzes können über eine einheitliche Stelle nach den Vorschriften der Verwaltungsverfahrensgesetze abgewickelt werden.

(Gültig ab 01.01.2010)

§ 49 Örtliche Zuständigkeit

(1) Die Vorschriften der Verwaltungsverfahrensgesetze über die örtliche Zuständigkeit gelten mit der Maßgabe, daß örtlich zuständig ist

1. für einen Antragsteller oder Erlaubnisinhaber, der keinen gewöhnlichen Aufenthalt im Geltungsbereich dieses Gesetzes hat,

a) die Behörde, in deren Bezirk er sich aufhält oder aufhalten will, oder,

b) soweit sich ein solcher Aufenthaltswille nicht ermitteln läßt, die Behörde, in deren Bezirk der Grenzübertritt erfolgt,

2. für Antragsteller oder Inhaber einer Erlaubnis nach § 21 Abs. 1 sowie Bewachungsunternehmer die Behörde, in deren Bezirk sich die gewerbliche Hauptniederlassung befindet oder errichtet werden soll.

(2) Abweichend von Absatz 1 ist örtlich zuständig für

1. Schießerlaubnisse nach § 10 Abs. 5 die Behörde, in deren Bezirk geschossen werden soll, soweit nicht die Länder nach § 48 Abs. 1 eine abweichende Regelung getroffen haben,

2. Erlaubnisse nach § 27 Abs. 1 sowie für Maßnahmen auf Grund einer Rechtsverordnung nach § 27 Abs. 7 bei ortsfesten Schießstätten die Behörde, in deren Bezirk die ortsfeste Schießstätte betrieben wird oder betrieben oder geändert werden soll,

3.

a) Erlaubnisse nach § 27 Abs. 1 sowie für Maßnahmen auf Grund einer Rechtsverordnung nach § 27 Abs. 7 bei ortsveränderlichen Schießstätten die Behörde, in deren Bezirk der Betreiber seinen gewöhnlichen Aufenthalt hat,

b) Auflagen bei den in Buchstabe a genannten Schießstätten die Behörde, in deren Bezirk die Schießstätte aufgestellt werden soll,

4. Ausnahmebewilligungen nach § 35 Abs. 3 Satz 2 die Behörde, in deren Bezirk die Tätigkeit ausgeübt werden soll,

5. Ausnahmebewilligungen nach § 42 Abs. 2 die Behörde, in deren Bezirk die Veranstaltung stattfinden soll oder, soweit Ausnahmebewilligungen für mehrere Veranstaltungen in verschiedenen Bezirken erteilt werden, die Behörde, in deren Bezirk die erste Veranstaltung stattfinden soll,

6. die Sicherstellung nach § 46 Abs. 2 Satz 2, Abs. 3 Satz 2 und Abs. 4 Satz 1 auch die Behörde, in deren Bezirk sich der Gegenstand befindet.

§ 50 Kosten

(1) Für Amtshandlungen, Prüfungen und Untersuchungen nach diesem Gesetz und nach den auf diesem Gesetz beruhenden Rechtsvorschriften werden Kosten (Gebühren und Auslagen) erhoben.

(2) Das Bundesministerium des Innern wird ermächtigt, *im Einvernehmen mit dem Bundesministerium für Wirtschaft und Technologie* für den Bereich der Bundesverwaltung durch Rechtsverordnung, die nicht der Zustimmung des Bundesrates bedarf, die gebührenpflichtigen Tatbestände näher zu bestimmen und dabei feste Sätze oder Rahmensätze vorzusehen. Die Gebührensätze sind so zu bemessen, daß der mit den Amtshandlungen, Prüfungen oder Untersuchungen verbundene Personal- und Sachaufwand gedeckt wird ~~; bei begünstigenden Amtshandlungen kann daneben die Bedeutung, der wirtschaftliche Wert oder der sonstige Nutzen für den Gebührenschuldner angemessen berücksichtigt werden. Das Verwaltungskostengesetz findet Anwendung~~. *Bei begünstigenden Amtshandlungen kann daneben die Bedeutung, der wirtschaftliche Wert oder der sonstige Nutzen für den Gebührenschuldner angemessen berücksichtigt werden. Soweit der Gegenstand der Gebühr in den Anwendungsbereich der Richtlinie 2006/123/EG des Europäischen Parlamentes und des Rates vom 12. Dezember 2006 über Dienstleistungen im Binnenmarkt (ABl. L 376 vom 27.12.2006, S. 36–68) fällt, findet Satz 3 keine Anwendung; inländische Gebührenschuldner dürfen hierdurch nicht benachteiligt werden.*

(Änderungen gültig ab 01.01.2010)

(3) In der Rechtsverordnung nach Absatz 2 kann bestimmt werden, daß die für die Prüfung oder Untersuchung zulässige Gebühr auch erhoben werden darf, wenn die Prüfung oder Untersuchung ohne Verschulden der prüfenden oder untersuchenden Stelle und ohne ausreichende Entschuldigung des Bewerbers oder Antragstellers am festgesetzten Termin nicht stattfinden konnte oder abgebrochen werden mußte. In der Rechtsverordnung können ferner die Kostenbefreiung, die Kostengläubigerschaft, die Kostenschuldnerschaft, der Umfang der zu erstattenden Auslagen und die Kostenerhebung abweichend von den Vorschriften des Verwaltungskostengesetzes geregelt werden.

§ 51 Strafvorschriften

(1) Mit Freiheitsstrafe von einem Jahr bis zu fünf Jahren wird bestraft, wer entgegen § 2 Abs. 1 oder 3, jeweils in Verbindung mit Anlage 2 Abschnitt 1 Nr. 1.2.1, eine dort genannte Schußwaffe zum Verschießen von Patronenmunition nach Anlage 1 Abschnitt 1 Unterabschnitt 3 Nr. 1.1 erwirbt, besitzt, überläßt, führt, verbringt, mitnimmt, herstellt, bearbeitet, instand setzt oder damit Handel treibt.

(2) In besonders schweren Fällen ist die Strafe Freiheitsstrafe von einem Jahr bis zu zehn Jahren. Ein besonders schwerer Fall liegt in der Regel vor, wenn der Täter gewerbsmäßig oder als Mitglied einer Bande, die sich zur fortgesetzten Begehung solcher Straftaten verbunden hat, unter Mitwirkung eines anderen Bandenmitgliedes handelt.

(3) In minder schweren Fällen ist die Strafe Freiheitsstrafe bis zu drei Jahren oder Geldstrafe.

(4) Handelt der Täter fahrlässig, so ist die Strafe Freiheitsstrafe bis zu zwei Jahren oder Geldstrafe.

§ 52 Strafvorschriften

(1) Mit Freiheitsstrafe von sechs Monaten bis zu fünf Jahren wird bestraft, wer

1. entgegen § 2 Abs. 1 oder 3, jeweils in Verbindung mit Anlage 2 Abschnitt 1 Nr. 1.1 oder 1.3.4, eine dort genannte Schußwaffe oder einen dort genannten Gegenstand erwirbt, besitzt, überläßt, führt, verbringt, mitnimmt, herstellt, bearbeitet, instand setzt oder damit Handel treibt,

2. ohne Erlaubnis nach

a) § 2 Abs. 2 in Verbindung mit Anlage 2 Abschnitt 2 Unterabschnitt 1 Satz 1, eine Schußwaffe oder Munition erwirbt, um sie entgegen § 34 Abs. 1 Satz 1 einem Nichtberechtigten zu überlassen,

b) § 2 Abs. 2 in Verbindung mit Anlage 2 Abschnitt 2 Unterabschnitt 1 Satz 1, eine halbautomatische Kurzwaffe zum Verschießen von Patronenmunition nach Anlage 1 Abschnitt 1 Unterabschnitt 3 Nr. 1.1 erwirbt, besitzt oder führt,

c) § 2 Abs. 2 in Verbindung mit Anlage 2 Abschnitt 2 Unterabschnitt 1 Satz 1 in Verbindung mit § 21 Abs. 1 Satz 1 oder § 21a eine Schußwaffe oder Munition herstellt, bearbeitet, instand setzt oder damit Handel treibt,

d) § 2 Abs. 2 in Verbindung mit Anlage 2 Abschnitt 2 Unterabschnitt 1 Satz 1 in Verbindung mit § 29 Abs. 1, § 30 Abs. 1 Satz 1 oder § 32 Abs. 1 Satz 1 eine Schußwaffe oder Munition in den oder durch den Geltungsbereich dieses Gesetzes verbringt oder mitnimmt,

3. entgegen § 35 Abs. 3 Satz 1 eine Schußwaffe, Munition oder eine Hieb- oder Stoßwaffe im Reisegewerbe oder auf einer dort genannten Veranstaltung vertreibt oder anderen überläßt oder

4. entgegen § 40 Abs. 1 zur Herstellung eines dort genannten Gegenstandes anleitet oder auffordert.

(2) Der Versuch ist strafbar.

(3) Mit Freiheitsstrafe bis zu drei Jahren oder mit Geldstrafe wird bestraft, wer

1. entgegen § 2 Abs. 1 oder 3, jeweils in Verbindung mit Anlage 2 Abschnitt 1 Nr. 1.2.2 bis ~~1.2.4~~ *1.2.5*, 1.3.1 bis 1.3.3, 1.3.5, 1.3.7, 1.3.8, 1.4.1 Satz 1, Nr. 1.4.2 bis 1.4.4 oder 1.5.3 bis 1.5.7, einen dort genannten Gegenstand erwirbt, besitzt, überläßt, führt, verbringt, mitnimmt, herstellt, bearbeitet, instand setzt oder damit Handel treibt,

2. ohne Erlaubnis nach § 2 Abs. 2 in Verbindung mit Anlage 2 Abschnitt 2 Unterabschnitt 1 Satz 1

a) eine Schußwaffe erwirbt, besitzt, führt oder

b) Munition erwirbt oder besitzt,

wenn die Tat nicht in Absatz 1 Nr. 2 Buchstabe a oder b mit Strafe bedroht ist,

3. ohne Erlaubnis nach § 2 Abs. 2 in Verbindung mit Anlage 2 Abschnitt 2 Unterabschnitt 1 Satz 1 in Verbindung mit § 26 Abs. 1 Satz 1 eine Schußwaffe herstellt, bearbeitet oder instand setzt,

4. ohne Erlaubnis nach § 2 Abs. 2 in Verbindung mit Anlage 2 Abschnitt 2 Unterabschnitt 1 Satz 1 in Verbindung mit § 31 Abs. 1 eine dort genannte Schußwaffe oder Munition in einen anderen Mitgliedstaat verbringt,

5. entgegen § 28 Abs. 2 Satz 1 eine Schußwaffe führt,

6. entgegen § 28 Abs. 3 Satz 2 eine Schußwaffe oder Munition überläßt,

7. entgegen § 34 Abs. 1 Satz 1 eine erlaubnispflichtige Schußwaffe oder erlaubnispflichtige Munition einem Nichtberechtigten überläßt,

8. einer vollziehbaren Anordnung nach § 41 Abs. 1 Satz 1 oder Abs. 2 zuwiderhandelt,

9. entgegen § 42 Abs. 1 eine Waffe führt oder

10. entgegen § 57 Abs. 5 Satz 1 den Besitz über eine Schußwaffe oder Munition ausübt.

(4) Handelt der Täter in den Fällen des Absatzes 1 Nr. 1, 2 Buchstabe b, c oder d oder Nr. 3 oder des Absatzes 3 fahrlässig, so ist die Strafe bei den bezeichneten Taten nach Absatz 1 Freiheitsstrafe bis zu zwei Jahren oder Geldstrafe, bei Taten nach Absatz 3 Freiheitsstrafe bis zu einem Jahr oder Geldstrafe.

(5) In besonders schweren Fällen des Absatzes 1 Nr. 1 ist die Strafe Freiheitsstrafe von einem Jahr bis zu zehn Jahren. Ein besonders schwerer Fall liegt in der Regel vor, wenn der Täter gewerbsmäßig oder als Mitglied einer Bande, die sich zur fortgesetzten Begehung solcher Straftaten verbunden hat, unter Mitwirkung eines anderen Bandenmitgliedes handelt.

(6) In minder schweren Fällen des Absatzes 1 ist die Strafe Freiheitsstrafe bis zu drei Jahren oder Geldstrafe.

§ 52a Strafvorschriften

Mit Freiheitsstrafe bis zu drei Jahren oder mit Geldstrafe wird bestraft, wer eine in § 53 Absatz 1 Nummer 19 bezeichnete Handlung vorsätzlich begeht und dadurch die Gefahr verursacht, daß eine Schußwaffe oder Munition abhanden kommt oder darauf unbefugt zugegriffen wird.

§ 53 Bußgeldvorschriften

(1) Ordnungswidrig handelt, wer vorsätzlich oder fahrlässig

1. entgegen § 2 Abs. 1 eine nicht erlaubnispflichtige Waffe oder nicht

erlaubnispflichtige Munition erwirbt oder besitzt,

2. entgegen § 2 Abs. 1 oder 3, jeweils in Verbindung mit Anlage 2 Abschnitt 1 Nr. 1.3.6, einen dort genannten Gegenstand erwirbt, besitzt, überläßt, führt, verbringt, mitnimmt, herstellt, bearbeitet, instand setzt oder damit Handel treibt,

3. ohne Erlaubnis nach § 2 Abs. 2 in Verbindung mit Abs. 4, dieser in Verbindung mit Anlage 2 Abschnitt 2 Unterabschnitt 1 Satz 1, mit einer Schußwaffe schießt,

4. einer vollziehbaren Auflage nach § 9 Abs. 2 Satz 1, § 10 Abs. 2 Satz 3, § 17 Abs. 2 Satz 2 oder § 18 Abs. 2 Satz 2 oder einer vollziehbaren Anordnung nach § 9 Abs. 3, § 36 Abs. 3 Satz 1 oder Abs. 6, § 37 Abs. 1 Satz 2, § 39 Abs. 3, § 40 Abs. 5 Satz 2 oder § 46 Abs. 2 Satz 1 oder Abs. 3 Satz 1 zuwiderhandelt,

5. entgegen § 10 Abs. 1a, § 21 Abs. 6 Satz 1 und 4, § 24 Abs. 5, § 27 Abs. 1 Satz 6, Abs. 2 Satz 2, § 31 Abs. 2 Satz 3, ~~§ 34 Abs. 2 Satz 2~~ ***§ 34 Absatz 2 Satz 1 oder Satz 2***, Abs. 4 oder Abs. 5 Satz 1, § 36 Abs. 4 Satz 2, § 37 Abs. 1 Satz 1, Abs. 2 Satz 1 oder Abs. 3 Satz 1 oder § 40 Abs. 5 Satz 1 eine Anzeige nicht, nicht richtig, nicht vollständig, nicht in der vorgeschriebenen Weise oder nicht rechtzeitig erstattet,

6. entgegen § 10 Abs. 2 Satz 4 ***oder § 37 Absatz 4*** eine Mitteilung nicht, nicht richtig, nicht vollständig oder nicht rechtzeitig macht,

7. entgegen § 13 Abs. 3 Satz 2, § 14 Abs. 4 Satz 2 oder § 20 ~~*Satz 1*~~ *Absatz 1* die Ausstellung einer Waffenbesitzkarte oder die Eintragung der Waffe in eine bereits erteilte Waffenbesitzkarte nicht beantragt oder entgegen ~~*§ 10 Abs. 1 Satz 4 oder*~~ § 34 Abs. 2 Satz 2 ~~*die Waffenbesitzkarte oder*~~ den Europäischen Feuerwaffenpaß nicht oder nicht rechtzeitig vorlegt,

8. entgegen § 23 Abs. 1 Satz 1 oder Abs. 2 Satz 1, jeweils auch in Verbindung mit einer Rechtsverordnung nach § 25 Abs. 1 Nr. 1 Buchstabe a, das Waffenherstellungs- oder Waffenhandelsbuch nicht, nicht richtig oder nicht vollständig führt,

9. entgegen § 24 Abs. 1, auch in Verbindung mit einer Rechtsverordnung nach § 25 Abs. 1 Nr. 1 Buchstabe c oder Nr. 2 Buchstabe a, oder § 24 Abs. 2 oder 3 Satz 1 und 2, auch in Verbindung mit einer Rechtsverordnung nach § 25 Abs. 1 Nr. 1 Buchstabe c, eine Angabe, ein Zeichen oder die Bezeichnung der Munition auf der Schußwaffe nicht, nicht richtig, nicht vollständig, nicht in der vorgeschriebenen Weise oder nicht rechtzeitig anbringt oder Munition nicht, nicht richtig, nicht vollständig, nicht in der vorgeschriebenen Weise oder nicht rechtzeitig mit einem besonderen Kennzeichen versieht,

10. entgegen § 24 Abs. 4 eine Schußwaffe oder Munition anderen gewerbsmäßig überläßt,

11. ohne Erlaubnis nach § 27 Abs. 1 Satz 1 eine Schießstätte betreibt oder ihre Beschaffenheit oder die Art ihrer Benutzung wesentlich ändert,

12. entgegen § 27 Abs. 3 Satz 1 Nr. 1 und 2 einem Kind oder Jugendlichen das Schießen gestattet oder entgegen § 27 Abs. 6 Satz 2 nicht sicherstellt, daß die Aufsichtsperson nur einen Schützen bedient,

13. entgegen § 27 Abs. 3 Satz 2 Unterlagen nicht aufbewahrt oder entgegen § 27 Abs. 3 Satz 3 diese nicht herausgibt,

14. entgegen § 27 Abs. 5 Satz 2 eine Bescheinigung nicht mitführt,

15. entgegen § 33 Abs. 1 Satz 1 eine Schußwaffe oder Munition nicht anmeldet oder nicht oder nicht rechtzeitig vorführt,

16. entgegen § 34 Abs. 1 Satz 1 eine nicht erlaubnispflichtige Waffe oder nicht erlaubnispflichtige Munition einem Nichtberechtigten überläßt,

17. entgegen § 35 Abs. 1 Satz 4 die Urkunden nicht aufbewahrt oder nicht, nicht vollständig oder nicht rechtzeitig Einsicht gewährt,

18. entgegen § 35 Abs. 2 einen Hinweis nicht, nicht richtig, nicht vollständig oder nicht rechtzeitig gibt oder die Erfüllung einer dort genannten Pflicht nicht, nicht richtig, nicht vollständig oder nicht rechtzeitig protokolliert,

19. entgegen § 36 Abs. 1 Satz 2 oder Abs. 2 eine Schußwaffe aufbewahrt,

20. entgegen § 38 Satz 1 eine dort genannte Urkunde nicht mit sich führt oder nicht oder nicht rechtzeitig aushändigt,

21. entgegen § 39 Abs. 1 Satz 1 eine Auskunft nicht, nicht richtig, nicht vollständig oder nicht rechtzeitig erteilt,

21a. entgegen § 42a Abs. 1 eine Anscheinswaffe, eine dort genannte Hieb- oder Stoßwaffe oder ein dort genanntes Messer führt,

22. entgegen § 46 Abs. 1 Satz 1, auch in Verbindung mit Satz 2, eine Ausfertigung der Erlaubnisurkunde nicht oder nicht rechtzeitig zurückgibt oder

23. einer Rechtsverordnung nach ~~§ 15 Abs. 7 Satz 2~~ *§ 15a Abs. 4*, § 25 Abs. 1 Nr. 1 Buchstabe b, § 27 Abs. 7, § 36 Abs. 5, § 42 Abs. 5 Satz 1, auch in Verbindung mit Satz 2, oder § 47 oder einer vollziehbaren Anordnung auf Grund einer solchen Rechtsverordnung zuwiderhandelt, soweit die Rechtsverordnung für einen bestimmten Tatbestand auf diese Bußgeldvorschrift verweist.

(2) Die Ordnungswidrigkeit kann mit einer Geldbuße bis zu zehntausend Euro geahndet werden.

(3) Verwaltungsbehörde im Sinne des § 36 Abs. 1 Nr. 1 des Gesetzes über Ordnungswidrigkeiten ist, soweit dieses Gesetz von der Physikalisch-Technischen Bundesanstalt, dem Bundesverwaltungsamt oder dem Bundeskriminalamt ausgeführt wird, die für die Erteilung von Erlaubnissen nach § 21 Abs. 1 zuständige Behörde.

§ 54 Einziehung und erweiterter Verfall

(1) Ist eine Straftat nach den §§ 51, 52 Abs. 1, 2 oder 3 Nr. 1, 2 oder 3 oder Abs. 5 begangen worden, so werden Gegenstände,

1. auf die sich diese Straftat bezieht oder

2. die durch sie hervorgebracht oder zu ihrer Begehung oder Vorbereitung gebraucht worden oder bestimmt gewesen sind,

eingezogen.

(2) Ist eine sonstige Straftat nach § 52 oder eine Ordnungswidrigkeit nach § 53 begangen worden, so können in Absatz 1 bezeichnete Gegenstände eingezogen werden.

(3) § 74a des Strafgesetzbuches und § 23 des Gesetzes über Ordnungswidrigkeiten sind anzuwenden. In den Fällen der §§ 51, 52 Abs. 1 oder 3 Nr. 1 bis 3 ist § 73d des Strafgesetzbuches anzuwenden, wenn der Täter gewerbsmäßig oder als Mitglied einer Bande handelt, die sich zur fortgesetzten Begehung solcher Straftaten verbunden hat.

(4) Als Maßnahme im Sinne des § 74b Abs. 2 Satz 2 des Strafgesetzbuches kommt auch die Anweisung in Betracht, binnen einer angemessenen Frist eine Entscheidung der zuständigen Behörde über die Erteilung einer Erlaubnis nach § 10 vorzulegen oder die Gegenstände einem Berechtigten zu überlassen.

§ 55 Ausnahmen für oberste Bundes- und Landesbehörden, Bundeswehr, Polizei und Zollverwaltung, erheblich gefährdete Hoheitsträger sowie Bedienstete anderer Staaten

(1) Dieses Gesetz ist, wenn es nicht ausdrücklich etwas anderes bestimmt, nicht anzuwenden auf

1. die obersten Bundes- und Landesbehörden und die Deutsche Bundesbank,

2. die Bundeswehr und die in der Bundesrepublik Deutschland stationierten ausländischen Streitkräfte,

3. die Polizeien des Bundes und der Länder,

4. die Zollverwaltung und deren Bedienstete,

soweit sie dienstlich tätig werden. Bei Polizeibediensteten und bei Bediensteten der Zollverwaltung mit Vollzugsaufgaben gilt dies, soweit sie durch Dienstvorschriften hierzu ermächtigt sind, auch für den Besitz über dienstlich zugelassene Waffen oder Munition und für das Führen dieser Waffen außerhalb des Dienstes.

(2) Personen, die wegen der von ihnen wahrzunehmenden hoheitlichen Aufgaben des Bundes oder eines Landes erheblich gefährdet sind, wird an Stelle einer Waffenbesitzkarte, eines Waffenscheins oder einer Ausnahmebewilligung nach § 42 Abs. 2 eine Bescheinigung über die Berechtigung zum Erwerb und Besitz von Waffen oder Munition sowie eine Bescheinigung zum Führen dieser Waffen erteilt. Die Bescheinigung ist auf die voraussichtliche Dauer der Gefährdung zu befristen. Die Bescheinigung erteilt für Hoheitsträger des Bundes das Bundesministerium des Innern oder eine von ihm bestimmte Stelle.

(3) Dieses Gesetz ist nicht anzuwenden auf Bedienstete anderer Staaten, die dienstlich mit Waffen oder Munition ausgestattet sind, wenn die Bediensteten im Rahmen einer zwischenstaatlichen Vereinbarung oder auf Grund einer Anforderung oder einer allgemein oder für den Einzelfall erteilten Zustimmung einer zuständigen inländischen Behörde oder Dienststelle

im Geltungsbereich dieses Gesetzes tätig werden und die zwischenstaatliche Vereinbarung, die Anforderung oder die Zustimmung nicht etwas anderes bestimmt.

(4) Auf Waffen oder Munition, die für die in Absatz 1 Satz 1 bezeichneten Stellen in den Geltungsbereich dieses Gesetzes verbracht oder hergestellt und ihnen überlassen werden, ist § 40 nicht anzuwenden.

(4a) Auf den Waffen, die für die in Absatz 1 Satz 1 bezeichneten Stellen in den Geltungsbereich dieses Gesetzes verbracht oder hergestellt und ihnen überlassen werden, sind neben den für Waffen allgemein vorgeschriebenen Kennzeichnungen (§ 24) zusätzlich Markierungen anzubringen, aus denen die verfügungsberechtigte Stelle ersichtlich ist. Bei Aussonderung aus staatlicher Verfügung und dauerhafter Überführung in zivile Verwendung ist die zusätzliche Markierung durch zwei waagerecht dauerhaft eingebrachte Striche zu entwerten. Dabei muß erkennbar bleiben, welche nach Absatz 1 Satz 1 bezeichnete Stelle verfügungsberechtigt über die Waffe war.

(5) Die Bundesregierung kann durch Rechtsverordnung, die nicht der Zustimmung des Bundesrates bedarf, eine dem Absatz 1 Satz 1 entsprechende Regelung für sonstige Behörden und Dienststellen des Bundes treffen. Die Bundesregierung kann die Befugnis nach Satz 1 durch Rechtsverordnung, die nicht der Zustimmung des Bundesrates bedarf, auf eine andere Bundesbehörde übertragen.

(6) Die Landesregierungen können durch Rechtsverordnung eine dem Absatz 5 Satz 1 entsprechende Regelung für sonstige Behörden und Dienststellen des Landes treffen. Die Landesregierungen können die Befugnis nach Satz 1 durch Rechtsverordnung auf andere Landesbehörden übertragen.

§ 56 Sondervorschriften für Staatsgäste und andere Besucher

Auf

1. Staatsgäste aus anderen Staaten,

2. sonstige erheblich gefährdete Personen des öffentlichen Lebens aus anderen Staaten, die sich besuchsweise im Geltungsbereich dieses Gesetzes aufhalten, und

3. Personen aus anderen Staaten, denen der Schutz der in den Nummern 1 und 2 genannten Personen obliegt,

ist § 10 und Abschnitt 2 Unterabschnitt 5 nicht anzuwenden, wenn ihnen das Bundesverwaltungsamt oder, soweit es sich nicht um Gäste des Bundes handelt, die nach § 48 Abs. 1 zuständige Behörde hierüber eine Bescheinigung erteilt hat. Die Bescheinigung, zu deren Wirksamkeit es der Bekanntgabe an den Betroffenen nicht bedarf, ist zu erteilen, wenn dies im öffentlichen Interesse, insbesondere zur Wahrung der zwischenstaatlichen Gepflogenheiten bei solchen Besuchen, geboten ist. Es muss gewährleistet sein, daß in den Geltungsbereich dieses Gesetzes verbrachte oder dort erworbene Schußwaffen oder Munition nach Beendigung des Besuches aus dem Geltungsbereich dieses Gesetzes verbracht oder einem Berechtigten überlassen werden. Sofern das Bundesverwaltungsamt in den Fällen des Satzes 1 nicht rechtzeitig tätig werden kann, entscheidet über die Erteilung der Bescheinigung die nach § 48 Abs. 1 zuständige Behörde. Das Bundesverwaltungsamt ist über die getroffene Entscheidung zu unterrichten.

§ 57 Kriegswaffen

(1) Dieses Gesetz gilt nicht für Kriegswaffen im Sinne des Gesetzes über die Kontrolle von Kriegswaffen. Auf tragbare Schußwaffen, für die eine Waffenbesitzkarte nach § 59 Abs. 4 Satz 2 des Waffengesetzes in der vor dem 1. Juli 1976 geltenden Fassung erteilt worden ist, sind unbeschadet der Vorschriften des Gesetzes über die Kontrolle von Kriegswaffen § 4 Abs. 3, § 45 Abs. 1 und 2 sowie die §§ 36 und 53 Abs. 1 Nr. 19 anzuwenden. Auf Verstöße gegen § 59 Abs. 2 des Waffengesetzes in der vor dem 1. Juli 1976 geltenden Fassung und gegen § 58 Abs. 1 des Waffengesetzes in der vor dem 1. April 2003 geltenden Fassung ist § 52 Abs. 3 Nr. 1 anzuwenden. Zuständige Behörde für Maßnahmen nach Satz 2 ist das Bundesamt für Wirtschaft und Ausfuhrkontrolle.

(2) Wird die Anlage zu dem Gesetz über die Kontrolle von Kriegswaffen (Kriegswaffenliste) geändert und verlieren deshalb tragbare Schußwaffen ihre Eigenschaft als Kriegswaffen, so hat derjenige, der seine Befugnis zum Besitz solcher Waffen durch eine Genehmigung oder Bestätigung der zuständigen Behörde nachweisen kann, diese Genehmigung oder Bestätigung der nach § 48 Abs. 1 zuständigen Behörde vorzulegen; diese stellt eine Waffenbesitzkarte aus oder ändert eine bereits erteilte Waffenbesitzkarte, wenn kein Versagungsgrund im Sinne des Absatzes 4 vorliegt. Die übrigen Besitzer solcher Waffen können innerhalb einer Frist von sechs Monaten nach Inkrafttreten der Änderung der Kriegswaffenliste bei der nach § 48 Abs. 1 zuständigen Behörde die Ausstellung einer Waffenbesitzkarte beantragen, sofern nicht der Besitz der Waffen nach § 59 Abs. 2 des Waffengesetzes in der vor dem 1. Juli 1976 geltenden Fassung anzumelden oder ein Antrag nach § 58 Abs. 1 des Waffengesetzes in der vor dem 1. April 2003 geltenden Fassung zu stellen war und der Besitzer die Anmeldung oder den Antrag unterlassen hat.

(3) Wird die Anlage zu dem Gesetz über die Kontrolle von Kriegswaffen (Kriegswaffenliste) geändert und verliert deshalb Munition für tragbare Kriegswaffen ihre Eigenschaft als Kriegswaffe, so hat derjenige, der bei Inkrafttreten der Änderung der Kriegswaffenliste den Besitz über sie ausübt, innerhalb einer Frist von sechs Monaten einen Antrag auf Erteilung einer Erlaubnis nach § 10 Abs. 3 bei der nach § 48 Abs. 1 zuständigen Behörde zu stellen, es sei denn, daß er bereits eine Berechtigung zum Besitz dieser Munition besitzt.

(4) Die Waffenbesitzkarte nach Absatz 2 und die Erlaubnis zum Munitionsbesitz nach Absatz 3 dürfen nur versagt werden, wenn Tatsachen die Annahme rechtfertigen, daß der Antragsteller nicht die erforderliche Zuverlässigkeit oder persönliche Eignung besitzt.

(5) Wird der Antrag nach Absatz 2 Satz 2 oder Absatz 3 nicht gestellt oder wird die Waffenbesitzkarte oder die Erlaubnis unanfechtbar versagt, so darf der Besitz über die Schußwaffen oder die Munition nach Ablauf der Antragsfrist oder nach der Versagung nicht mehr ausgeübt werden. § 46 Abs. 2 findet entsprechend Anwendung.

§ 58 Altbesitz

(1) Soweit nicht nachfolgend Abweichendes bestimmt wird, gelten Erlaubnisse im Sinne des Waffengesetzes in der Fassung der Bekanntmachung vom 8. März 1976 (BGBl. I S. 432), zuletzt geändert durch das Gesetz vom 21. November 1996 (BGBl. I S. 1779), fort. Erlaubnisse zum Erwerb von Munition berechtigen auch zu deren Besitz. Hat jemand berechtigt Munition vor dem Inkrafttreten dieses Gesetzes erworben, für die auf Grund dieses Gesetzes eine Erlaubnis erforderlich ist, und übt er über diese bei Inkrafttreten dieses Gesetzes noch den Besitz aus, so hat er diese Munition bis 31. August 2003 der zuständigen Behörde schriftlich anzumelden. Die

Anmeldung muß die Personalien des Besitzers sowie die Munitionsarten enthalten. Die nachgewiesene fristgerechte Anmeldung gilt als Erlaubnis zum Besitz.

(2) Eine auf Grund des Waffengesetzes in der Fassung der Bekanntmachung vom 8. März 1976 (BGBl. I S. 432) erteilte waffenrechtliche Erlaubnis für Kriegsschußwaffen tritt am ersten Tag des sechsten auf das Inkrafttreten dieses Gesetzes folgenden Monats außer Kraft.

(3) Ist über einen vor Inkrafttreten dieses Gesetzes gestellten Antrag auf Erteilung einer Erlaubnis nach § 7 des Waffengesetzes in der Fassung der Bekanntmachung vom 8. März 1976 (BGBl. I S. 432) noch nicht entschieden worden, findet für die Entscheidung über den Antrag § 21 dieses Gesetzes Anwendung.

(4) Bescheinigungen nach § 6 Abs. 2 des Waffengesetzes in der Fassung der Bekanntmachung vom 8. März 1976 (BGBl. I S. 432) gelten im bisherigen Umfang als Bescheinigungen nach § 55 Abs. 2 dieses Gesetzes.

(5) Ausnahmebewilligungen nach § 37 Abs. 3 und § 57 Abs. 7 des Waffengesetzes in der Fassung der Bekanntmachung vom 8. März 1976 (BGBl. I S. 432) gelten in dem bisherigen Umfang als Ausnahmebewilligungen nach § 40 Abs. 4 dieses Gesetzes.

(6) Die nach § 40 Abs. 1 des Waffengesetzes in der Fassung der Bekanntmachung vom 8. März 1976 (BGBl. I S. 432) ausgesprochenen Verbote gelten in dem bisherigen Umfang als Verbote nach § 41 dieses Gesetzes.

(7) Hat jemand am 1. April 2003 eine bislang nicht einem Verbot nach § 37 Abs. 1 des Waffengesetzes in der Fassung der Bekanntmachung vom 8. März 1976 (BGBl. I S. 432) unterliegende Waffe im Sinne der Anlage 2 Abschnitt 1 dieses Gesetzes besessen, so wird das Verbot nicht wirksam, wenn er bis zum 31. August 2003 diese Waffe unbrauchbar macht, einem Berechtigten überläßt oder einen Antrag nach § 40 Abs. 4 dieses Gesetzes stellt. § 46 Abs. 3 Satz 2 und Abs. 5 findet entsprechend Anwendung.

(8) Wer eine ~~bei Inkrafttreten dieses Gesetzes~~ *am [einsetzen: Tag des Inkrafttretens dieses Gesetzes]* unerlaubt besessene Waffe bis zum ~~Ende des fünften auf das Inkrafttreten folgenden Monats~~ *31. Dezember 2009* unbrauchbar macht, einem Berechtigten überläßt oder der zuständigen Behörde oder einer Polizeidienststelle übergibt, wird nicht wegen unerlaubten Erwerbs, unerlaubten Besitzes oder unerlaubten Verbringens bestraft. Satz 1 gilt nicht, wenn

1. vor der Unbrauchbarmachung, Überlassung oder Übergabe dem bisherigen Besitzer der Waffe die Einleitung des Straf- oder Bußgeldverfahrens wegen der Tat bekannt gegeben worden ist oder

2. der Verstoß im Zeitpunkt der Unbrauchbarmachung, Überlassung oder Übergabe ganz oder zum Teil bereits entdeckt war und der bisherige Besitzer dies wußte oder bei verständiger Würdigung der Sachlage damit rechnen mußte.

(9) Besitzt eine Person, die noch nicht das 25. Lebensjahr vollendet hat, am 1. April 2003 mit einer Erlaubnis auf Grund des Waffengesetzes in der Fassung der Bekanntmachung vom 8. März 1976 (BGBl. I S. 432) eine Schußwaffe, so hat sie binnen eines Jahres auf eigene Kosten der zuständigen Behörde ein amts- oder fachärztliches oder fachpsychologisches Zeugnis über die geistige Eignung nach § 6 Abs. 3 vorzulegen. Satz 1 gilt nicht für den Erwerb und Besitz von Schußwaffen im Sinne von § 14 Abs. 1 Satz 2 und in den Fällen des § 13 Abs. 2 Satz 1.

(10) Die Erlaubnispflicht für Schußwaffen im Sinne der Anlage 2 Abschnitt 2 Unterabschnitt 1 ~~*Abs. 2*~~ *Satz 3* gilt für Schußwaffen, die vor dem 1. April 2008 erworben wurden, erst ab dem 1. Oktober 2008.

(11) Hat jemand am 1. April 2008 eine bislang nicht nach Anlage 2 Abschnitt 1 Nr. 1.2.1.2 dieses Gesetzes verbotene Waffe besessen, so wird dieses Verbot nicht wirksam, wenn er bis zum 1.

Oktober 2008 diese Waffe unbrauchbar macht, einem Berechtigten überläßt oder der zuständigen Behörde oder einer Polizeidienststelle überläßt oder einen Antrag nach § 40 Abs. 4 dieses Gesetzes stellt. § 46 Abs. 3 Satz 2 und Abs. 5 findet entsprechend Anwendung.

(12) Besitzt der Inhaber einer Waffenbesitzkarte am 1. April 2008 erlaubnisfrei erworbene Teile von Schußwaffen im Sinne der Anlage 2 Abschnitt 2 Unterabschnitt 2 Nr. 2, so sind diese Teile bis zum 1. Oktober 2008 in die Waffenbesitzkarte einzutragen.

§ 59 Verwaltungsvorschriften

Das Bundesministerium des Innern erläßt allgemeine Verwaltungsvorschriften über den Erwerb und das Führen von Schußwaffen durch Behörden und Bedienstete seines Geschäftsbereichs sowie über das Führen von Schußwaffen durch erheblich gefährdete Hoheitsträger im Sinne von § 55 Abs. 2; die anderen obersten Bundesbehörden und die Deutsche Bundesbank erlassen die Verwaltungsvorschriften für ihren Geschäftsbereich im Einvernehmen mit dem Bundesministerium des Innern.

Anlage 1 (zu § 1 Abs. 4)

Abschnitt 1: Waffen- und munitionstechnische Begriffe, Einstufung von Gegenständen

Unterabschnitt 1: Schußwaffen

1. Schußwaffen im Sinne des § 1 Abs. 2 Nr. 1

1.1 Schußwaffen

Schußwaffen sind Gegenstände, die zum Angriff oder zur Verteidigung, zur Signalgebung, zur Jagd, zur Distanzinjektion, zur Markierung, zum Sport oder zum Spiel bestimmt sind und bei denen Geschosse durch einen Lauf getrieben werden.

1.2 Gleichgestellte Gegenstände

Den Schußwaffen stehen gleich tragbare Gegenstände,

1.2.1 die zum Abschießen von Munition für die in Nummer 1.1 genannten Zwecke bestimmt sind,

1.2.2 bei denen bestimmungsgemäß feste Körper gezielt verschossen werden, deren Antriebsenergie durch Muskelkraft eingebracht und durch eine Sperrvorrichtung gespeichert werden kann (z. B. Armbrüste). Dies gilt nicht für feste Körper, die mit elastischen Geschoßspitzen (z. B. Saugnapf aus Gummi) versehen sind, bei denen eine maximale Bewegungsenergie der Geschoßspitzen je Flächeneinheit von 0,16 J/cm2 nicht überschritten wird;

1.3 Wesentliche Teile von Schußwaffen, Schalldämpfer

Wesentliche Teile von Schußwaffen und Schalldämpfer stehen, soweit in diesem Gesetz nichts anderes bestimmt ist, **den Schußwaffen gleich**, **für die sie bestimmt sind**. Dies gilt auch dann, wenn sie mit anderen Gegenständen verbunden sind und die Gebrauchsfähigkeit als Waffenteil nicht beeinträchtigt ist oder mit allgemein gebräuchlichen Werkzeugen wiederhergestellt werden kann. Teile von Kriegswaffen im Sinne des Gesetzes über die Kontrolle von Kriegswaffen in der Fassung der Bekanntmachung vom 22. November 1990 (BGBl. I S. 2506), zuletzt geändert durch Artikel 24 der Verordnung vom 31. Oktober 2006 (BGBl. I S. 2407), die nicht vom Gesetz über die Kontrolle von Kriegswaffen erfaßt und nachstehend als wesentliche Teile aufgeführt sind, sowie Schalldämpfer zu derartigen Waffen werden von diesem Gesetz erfaßt;

Wesentliche Teile sind

1.3.1 der **Lauf** oder **Gaslauf**, der **Verschluß** sowie das **Patronen**- oder **Kartuschenlager**, wenn diese nicht bereits Bestandteil des Laufes sind;

der **Lauf** ist ein aus einem ausreichend festen Werkstoff bestehender rohrförmiger Gegenstand, der Geschossen, die hindurchgetrieben werden, ein gewisses Maß an Führung gibt, wobei dies in der Regel als gegeben anzusehen ist, wenn die Länge des Laufteils, der die Führung des Geschosses bestimmt, mindestens das Zweifache des Kalibers beträgt;

der **Gaslauf** ist ein Lauf, der ausschließlich der Ableitung der Verbrennungsgase dient;

der **Verschluß** ist das unmittelbar das Patronen- oder Kartuschenlager oder den Lauf abschließende Teil;

1.3.2 bei Schusswaffen, bei denen zum Antrieb ein **entzündbares flüssiges oder gasförmiges Gemisch** verwendet wird, auch die **Verbrennungskammer** und die Einrichtung zur Erzeugung des Gemisches;

1.3.3 bei Schusswaffen mit anderem Antrieb auch die **Antriebsvorrichtung**, sofern sie fest mit der Schusswaffe verbunden ist;

1.3.4 bei **Kurzwaffen** auch das **Griffstück** oder sonstige Waffenteile, soweit sie für die Aufnahme des **Auslösemechanismus** bestimmt sind.

Als wesentliche Teile gelten auch vorgearbeitete wesentliche Teile von Schußwaffen sowie Teile/Reststücke von Läufen und Laufrohlingen, wenn sie mit allgemein gebräuchlichen Werkzeugen fertiggestellt werden können.

Schalldämpfer sind Vorrichtungen, die der wesentlichen Dämpfung des Mündungsknalls dienen und für Schußwaffen bestimmt sind;

1.4 Unbrauchbar gemachte Schußwaffen (Dekorationswaffen)

Schußwaffen sind dann **unbrauchbar**, wenn

1.4.1 das **Patronenlager** dauerhaft so verändert ist, daß weder Munition noch Treibladungen geladen werden können,

1.4.2 der **Verschluß** dauerhaft funktionsunfähig gemacht worden ist,

1.4.3 in Griffstücken oder anderen wesentlichen Waffenteilen für Handfeuer-Kurzwaffen der **Auslösemechanismus** dauerhaft funktionsunfähig gemacht worden ist,

1.4.4 bei Kurzwaffen der **Lauf** auf seiner ganzen Länge, im Patronenlager beginnend, - bis zur Laufmündung einen durchgehenden Längsschlitz von mindestens 4 mm Breite oder

- im Abstand von jeweils 3 cm, mindestens jedoch 3 kalibergroße Bohrungen oder

- andere gleichwertige Laufveränderungen

aufweist,

1.4.5 bei Langwaffen der **Lauf** in dem dem Patronenlager zugekehrten Drittel

- mindestens 6 kalibergroße Bohrungen oder

- andere gleichwertige Laufveränderungen

aufweist und vor diesen in Richtung der Laufmündung mit einem kalibergroßen gehärteten Stahlstift dauerhaft verschlossen ist,

1.4.6 dauerhaft unbrauchbar gemacht oder geworden ist eine Schußwaffe dann, wenn mit allgemein gebräuchlichen Werkzeugen die **Schußfähigkeit** der Waffe oder die Funktionsfähigkeit der wesentlichen Teile nicht wiederhergestellt werden kann.

1.5 Salutwaffen

Salutwaffen sind veränderte Langwaffen, die u. a. für Theateraufführungen, Foto-, Film- oder Fernsehaufnahmen bestimmt sind, wenn sie die nachstehenden Anforderungen erfüllen:

- das **Patronenlager** muß dauerhaft so verändert sein, daß keine Patronen- oder pyrotechnische Munition geladen werden kann,

- der **Lauf** muß in dem dem Patronenlager zugekehrten Drittel mindestens sechs kalibergroße, offene Bohrungen oder andere gleichwertige Laufveränderungen aufweisen und vor diesen in Richtung der Laufmündung mit einem kalibergroßen gehärteten Stahlstift dauerhaft verschlossen sein,

- der Lauf muß mit dem **Gehäuse** fest verbunden sein, sofern es sich um Waffen handelt, bei denen der Lauf ohne Anwendung von Werkzeugen ausgetauscht werden kann,

- die Änderungen müssen so vorgenommen sein, daß sie nicht mit allgemein gebräuchlichen Werkzeugen **rückgängig** gemacht und die Gegenstände nicht so geändert werden können, daß aus ihnen Geschosse, Patronen- oder pyrotechnische Munition verschossen werden können, und

- der Verschluß muß ein **Kennzeichen** nach Abbildung 11 der Anlage II zur Beschußverordnung tragen;

1.6 Anscheinswaffen

Anscheinswaffen sind

1.6.1 Schußwaffen, die ihrer äußeren Form nach im Gesamterscheinungsbild den Anschein von Feuerwaffen (Anlage 1 Abschnitt 1 Unterabschnitt 1 Nr. 2.1) hervorrufen und bei denen zum Antrieb der Geschosse keine heißen Gase verwendet werden,

1.6.2 Nachbildungen von Schußwaffen mit dem Aussehen von Schußwaffen nach Nummer 1.6.1 oder

1.6.3 unbrauchbar gemachte Schußwaffen mit dem Aussehen von Schußwaffen nach Nummer 1.6.1.

Ausgenommen sind solche Gegenstände, die erkennbar nach ihrem Gesamterscheinungsbild zum Spiel oder für Brauchtumsveranstaltungen bestimmt sind oder die Teil einer kulturhistorisch bedeutsamen Sammlung im Sinne des § 17 sind oder werden sollen oder Schußwaffen, für die gemäß § 10 Abs. 4 eine Erlaubnis zum Führen erforderlich ist. Erkennbar nach ihrem Gesamterscheinungsbild zum Spiel bestimmt sind insbesondere Gegenstände, deren Größe die einer entsprechenden Feuerwaffe um 50 Prozent über- oder unterschreiten, neonfarbene Materialien enthalten oder keine Kennzeichnungen von Feuerwaffen aufweisen.

2. Arten von Schußwaffen

2.1 Feuerwaffen; dies sind Schußwaffen nach Nummer 1.1, bei denen ein Geschoß mittels heißer Gase durch einen oder aus einem Lauf getrieben wird.

2.2 Automatische Schußwaffen; dies sind Schußwaffen, die nach Abgabe eines Schusses selbsttätig erneut schußbereit werden und bei denen aus demselben Lauf durch einmalige Betätigung des Abzuges oder einer anderen Schußauslösevorrichtung mehrere Schüsse abgegeben werden können (**Vollautomaten**) oder durch einmalige Betätigung des Abzuges oder einer anderen Schußauslösevorrichtung jeweils nur ein Schuß abgegeben werden kann (**Halbautomaten**). Als automatische Schußwaffen gelten auch Schußwaffen, die mit allgemein gebräuchlichen Werkzeugen in automatische Schußwaffen geändert werden können. Als Vollautomaten gelten auch in Halbautomaten geänderte Vollautomaten, die mit den in Satz 2 genannten Hilfsmitteln wieder in Vollautomaten zurückgeändert werden können.

Double-Action-Revolver sind **keine halbautomatischen Schußwaffen**. Beim Double-Action-Revolver wird bei Betätigung des Abzuges durch den Schützen die Trommel weitergedreht, so daß das nächste Lager mit einer neuen Patrone vor den Lauf und den Schlagbolzen zu liegen kommt, und gleichzeitig die Feder gespannt. Beim weiteren Durchziehen des Abzuges schnellt der Hahn nach vorn und löst den Schuß aus.

2.3 Repetierwaffen; dies sind Schußwaffen, bei denen nach Abgabe eines Schusses über einen von Hand zu betätigenden Mechanismus Munition aus einem Magazin in das Patronenlager nachgeladen wird.

2.4 Einzelladerwaffen; dies sind Schußwaffen ohne Magazin mit einem oder mehreren Läufen, die vor jedem Schuß aus demselben Lauf von Hand geladen werden.

2.5 Langwaffen; dies sind Schußwaffen, deren Lauf und Verschluß in geschlossener Stellung insgesamt länger als 30 cm sind **und** deren kürzeste **bestimmungsgemäß** verwendbare Gesamtlänge 60 cm überschreitet;

Kurzwaffen sind alle anderen Schußwaffen.

2.6 Schreckschußwaffen; dies sind Schußwaffen mit einem Kartuschenlager, die zum Abschießen von Kartuschenmunition bestimmt sind.

2.7 Reizstoffwaffen; dies sind Schußwaffen mit einem Patronen- oder Kartuschenlager, die zum Verschießen von Reiz- oder anderen Wirkstoffen bestimmt sind.

2.8 Signalwaffen; dies sind Schußwaffen mit einem Patronen- oder Kartuschenlager oder tragbare Gegenstände nach Nummer 1.2.1, die zum Verschießen pyrotechnischer Munition bestimmt sind.

2.9 Druckluft- und Federdruckwaffen und Waffen, bei denen zum Antrieb der Geschosse kalte Treibgase verwendet werden; Federdruckwaffen sind Schußwaffen, bei denen entweder Federkraft direkt ein Geschoß antreibt (auch als Federkraftwaffen bezeichnet) oder ein federbelasteter Kolben in einem Zylinder bewegt wird und ein vom Kolben erzeugtes Luftpolster das Geschoß antreibt. Druckluftwaffen sind Schußwaffen, bei denen Luft in einen Druckbehälter vorkomprimiert und gespeichert sowie ü ber ein Ventilsystem zum Geschoßantrieb freigegeben wird. Waffen, bei denen zum Antrieb der Geschosse kalte Treibgase Verwendung finden, sind z. B. Druckgaswaffen.

3. Weitere Begriffe zu den wesentlichen Teilen

3.1 Austauschläufe sind Läufe für ein bestimmtes Waffenmodell oder -system, die ohne Nacharbeit ausgetauscht werden können.

3.2 Wechselläufe sind Läufe, die für eine bestimmte Waffe zum Austausch des vorhandenen Laufes vorgefertigt sind und die noch eingepaßt werden müssen.

3.3 Einsteckläufe sind Läufe ohne eigenen Verschluß, die in die Läufe von Waffen größeren Kalibers eingesteckt werden können.

3.4 Wechseltrommeln sind Trommeln für ein bestimmtes Revolvermodell, die ohne Nacharbeit gewechselt werden können.

3.5 Wechselsysteme sind Wechselläufe einschließlich des für sie bestimmten Verschlusses.

3.6 Einstecksysteme sind Einsteckläufe einschließlich des für sie bestimmten Verschlusses.

3.7 Einsätze sind Teile, die den Innenmaßen des Patronenlagers der Schußwaffe angepaßt und zum Verschießen von Munition kleinerer Abmessungen bestimmt sind.

4. Sonstige Vorrichtungen für Schußwaffen

4.1 Zielscheinwerfer sind für Schußwaffen bestimmte Vorrichtungen, die das Ziel beleuchten. Ein Ziel wird dann beleuchtet, wenn es mittels Lichtstrahlen bei ungünstigen Lichtverhältnissen oder Dunkelheit für den Schützen erkennbar dargestellt wird. Dabei ist es unerheblich, ob das Licht sichtbar oder unsichtbar (z. B. infrarot) ist und ob der Schütze weitere Hilfsmittel für die Zielerkennung benötigt.

4.2 Laser oder Zielpunktprojektoren sind für Schußwaffen bestimmte Vorrichtungen, die das Ziel markieren. Ein Ziel wird markiert, wenn auf diesem für den Schützen erkennbar ein Zielpunkt projiziert wird.

4.3 Nachtsichtgeräte oder Nachtzielgeräte sind für Schußwaffen bestimmte Vorrichtungen, die eine elektronische Verstärkung oder einen Bildwandler und eine Montageeinrichtung für Schußwaffen besitzen. Zu Nachtzielgeräten zählen auch Nachtsichtvorsätze und Nachtsichtaufsätze für Zielhilfsmittel (Zielfernrohre).

5. Reizstoffe sind Stoffe, die bei ihrer bestimmungsgemäßen Anwendung auf den Menschen eine belästigende Wirkung durch Haut- und Schleimhautreizung, insbesondere durch einen Augenreiz ausüben und resorptiv nicht giftig wirken.

6. Nachbildungen von Schußwaffen sind Gegenstände,

- die nicht als Schußwaffen hergestellt wurden,
- die die äußere Form einer Schußwaffe haben,
- aus denen nicht geschossen werden kann und
- die nicht mit allgemein gebräuchlichen Werkzeugen so umgebaut oder verändert werden können, daß aus ihnen Munition, Ladungen oder Geschosse verschossen werden können.

Unterabschnitt 2: Tragbare Gegenstände

1. Tragbare Gegenstände nach § 1 Abs. 2 Nr. 2 Buchstabe a sind insbesondere

1.1 Hieb- und Stoßwaffen (Gegenstände, die ihrem Wesen nach dazu bestimmt sind, unter unmittelbarer Ausnutzung der Muskelkraft durch Hieb, Stoß, Stich, Schlag oder Wurf Verletzungen beizubringen),

1.2 Gegenstände,

1.2.1 die unter Ausnutzung einer anderen als mechanischen Energie Verletzungen beibringen (z. B. **Elektroimpulsgeräte**),

1.2.2 aus denen Reizstoffe versprüht oder ausgestoßen werden, die eine Reichweite bis zu 2 m haben (**Reizstoffsprühgeräte**),

1.2.3 bei denen in einer Entfernung von mehr als 2 m bei Menschen

a) eine angriffsunfähig machende Wirkung durch ein gezieltes Versprühen oder Ausstoßen von Reiz- oder anderen Wirkstoffen oder

b) eine gesundheitsschädliche Wirkung durch eine andere als kinetische Energie, insbesondere durch ein gezieltes Ausstrahlen einer elektromagnetischen Strahlung hervorgerufen werden kann,

1.2.4 bei denen gasförmige, flüssige oder feste Stoffe den Gegenstand gezielt und brennend mit einer Flamme von mehr als 20 cm Länge verlassen,

1.2.5 bei denen leicht entflammbare Stoffe so verteilt und entzündet werden, daß schlagartig ein Brand entstehen kann, oder in denen unter Verwendung explosions-gefährlicher oder explosionsfähiger Stoffe eine Explosion ausgelöst werden kann,

1.2.6 die nach ihrer Beschaffenheit und Handhabung dazu bestimmt sind, durch Drosseln die Gesundheit zu schädigen,

1.3 Schleudern, die zur Erreichung einer höchstmöglichen Bewegungsenergie eine Armstütze oder eine vergleichbare Vorrichtung besitzen oder für eine solche Vorrichtung eingerichtet sind (Präzisionsschleudern) sowie Armstützen und vergleichbare Vorrichtungen für die vorbezeichneten Gegenstände.

2. Tragbare Gegenstände im Sinne des § 1 Abs. 2 Nr. 2 Buchstabe b sind

2.1 Messer,

2.1.1 deren Klingen auf Knopf- oder Hebeldruck hervorschnellen und hierdurch oder beim Loslassen der Sperrvorrichtung festgestellt werden können (Springmesser),

2.1.2 deren Klingen beim Lösen einer Sperrvorrichtung durch ihre Schwerkraft oder durch eine Schleuderbewegung aus dem Griff hervorschnellen und selbsttätig oder beim Loslassen der Sperrvorrichtung festgestellt werden (Fallmesser),

2.1.3 mit einem quer zur feststehenden oder feststellbaren Klinge verlaufenden Griff, die bestimmungsgemäß in der geschlossenen Faust geführt oder eingesetzt werden (Faustmesser),

2.1.4 Faltmesser mit zweigeteilten, schwenkbaren Griffen (Butterflymesser),

2.2 Gegenstände, die bestimmungsgemäß unter Ausnutzung einer anderen als mechanischen Energie Tieren Schmerzen beibringen (z. B. Elektroimpulsgeräte), mit Ausnahme der ihrer Bestimmung entsprechend im Bereich der Tierhaltung oder bei der sachgerechten Hundeausbildung Verwendung findenden Gegenstände (z. B. Viehtreiber).

2.2.1 die bestimmungsgemäß unter Ausnutzung einer anderen als mechanischen Energie Tieren Verletzungen beibringen (z. B. Elektroimpulsgeräte), mit Ausnahme der ihrer Bestimmung entsprechend im Bereich der Tierhaltung Verwendung findenden Gegenstände.

Unterabschnitt 3: Munition und Geschosse

1. Munition ist zum Verschießen aus Schußwaffen bestimmte

1.1 Patronenmunition (Hülsen mit Ladungen, die ein Geschoß enthalten, und Geschosse mit Eigenantrieb),

1.2 Kartuschenmunition (Hülsen mit Ladungen, die ein Geschoß nicht enthalten),

1.3 hülsenlose Munition (Ladung mit oder ohne Geschoß, wobei die Treibladung eine den Innenabmessungen einer Schußwaffe oder eines Gegenstandes nach Unterabschnitt 1 Nr. 1.2 angepaßte Form hat),

1.4 pyrotechnische Munition (dies sind Gegenstände, die Geschosse mit explosionsgefährlichen Stoffen oder Stoffgemischen [pyrotechnische Sätze] enthalten, die Licht-, Schall-, Rauch-, Nebel-, Heiz-, Druck- oder Bewegungswirkungen erzeugen und keine zweckbestimmte Durchschlagskraft im Ziel entfalten); hierzu gehört

1.4.1 pyrotechnische Patronenmunition (Patronenmunition, bei der das Geschoß einen pyrotechnischen Satz enthält),

1.4.2 unpatronierte pyrotechnische Munition (Geschosse, die einen pyrotechnischen Satz enthalten),

1.4.3 mit der Antriebsvorrichtung fest verbundene pyrotechnische Munition.

2. Ladungen sind die Hauptenergieträger, die in loser Schüttung in Munition oder als vorgefertigte Ladung oder in loser Form in Waffen nach Unterabschnitt 1 Nr. 1.1 oder Gegenstände nach Unterabschnitt 1 Nr. 1.2.1 eingegeben werden und

- zum Antrieb von Geschossen oder Wirkstoffen oder
- zur Erzeugung von Schall- oder Lichtimpulsen

bestimmt sind, sowie Anzündsätze, die direkt zum Antrieb von Geschossen dienen.

3. Geschosse im Sinne dieses Gesetzes sind als Waffen oder für Schußwaffen bestimmte

3.1 feste Körper,

3.2 gasförmige, flüssige oder feste Stoffe in Umhüllungen.

Abschnitt 2: Waffenrechtliche Begriffe

Im Sinne dieses Gesetzes

1. **erwirbt** eine Waffe oder Munition, wer die tatsächliche Gewalt darüber erlangt,

2. **besitzt** eine Waffe oder Munition, wer die tatsächliche Gewalt darüber ausübt,

3. **überläßt** eine Waffe oder Munition, wer die tatsächliche Gewalt darüber einem anderen einräumt,

4. **führt** eine Waffe, wer die tatsächliche Gewalt darüber außerhalb der eigenen Wohnung, Geschäftsräume, des eigenen befriedeten Besitztums oder einer Schießstätte ausübt,

5. **verbringt** eine Waffe oder Munition, wer diese Waffe oder Munition über die Grenze zum dortigen Verbleib oder mit dem Ziel des Besitzwechsels in den, durch den oder aus dem Geltungsbereich des Gesetzes zu einer anderen Person oder zu sich selbst transportieren läßt oder selbst transportiert,

6. **nimmt** eine Waffe oder Munition **mit**, wer diese Waffe oder Munition vorübergehend auf einer Reise ohne Aufgabe des Besitzes zur Verwendung über die Grenze in den, durch den oder aus dem Geltungsbereich des Gesetzes bringt,

7. **schießt**, wer mit einer Schußwaffe Geschosse durch einen Lauf verschießt, Kartuschenmunition abschießt, mit Patronen- oder Kartuschenmunition Reiz- oder andere Wirkstoffe verschießt oder pyrotechnische Munition verschießt,

8.

8.1 werden Waffen oder Munition **hergestellt**, wenn aus Rohteilen oder Materialien ein Endprodukt oder wesentliche Teile eines Endproduktes erzeugt werden; als Herstellen von Munition gilt auch das Wiederladen von Hülsen,

8.2 wird eine Schußwaffe insbesondere **bearbeitet** oder **instand gesetzt**, wenn sie verkürzt, in der Schußfolge verändert oder so geändert wird, daß andere Munition oder Geschosse anderer Kaliber aus ihr verschossen werden können, oder wenn wesentliche Teile, zu deren Einpassung eine Nacharbeit erforderlich ist, ausgetauscht werden; eine Schußwaffe wird weder bearbeitet noch instand gesetzt, wenn lediglich geringfügige Änderungen, insbesondere am Schaft oder an der Zieleinrichtung, vorgenommen werden,

9. treibt **Waffenhandel**, wer gewerbsmäßig oder selbstständig im Rahmen einer wirtschaftlichen Unternehmung Schußwaffen oder Munition ankauft, feilhält, Bestellungen entgegennimmt oder aufsucht, anderen überläßt oder den Erwerb, den Vertrieb oder das Überlassen vermittelt,

10. sind **Kinder** Personen, die noch nicht 14 Jahre alt sind,

11. sind **Jugendliche** Personen, die mindestens 14, aber noch nicht 18 Jahre alt sind;

12. ist eine Waffe **schußbereit**, wenn sie geladen ist, das heißt, daß Munition oder Geschosse in der Trommel, im in die Waffe eingefügten Magazin oder im Patronen- oder Geschoßlager sind, auch wenn sie nicht gespannt ist;

13. ist eine Schußwaffe **zugriffsbereit**, wenn sie **unmittelbar in Anschlag** gebracht werden kann; sie ist **nicht zugriffsbereit**, wenn sie in einem **verschlossenen** Behältnis mitgeführt wird.

Abschnitt 3: Einteilung der Schußwaffen oder Munition in die Kategorien A bis D nach der Waffenrichtlinie

1. Kategorie A

1.1 Kriegsschußwaffen der Nummern 29 und 30 der Kriegswaffenliste (Anlage zu § 1 Abs. 1 des Gesetzes über die Kontrolle von Kriegswaffen),

1.2 vollautomatische Schußwaffen,

1.3 als anderer Gegenstand getarnte Schußwaffen,

1.4 Pistolen- und Revolvermunition mit Expansivgeschossen sowie Geschosse für diese Munition mit Ausnahme solcher für Jagd- und Sportwaffen von Personen, die zur Benutzung dieser Waffen befugt sind.

1.5 panzerbrechende Munition, Munition mit Spreng- und Brandsätzen und Munition mit Leuchtspursätzen sowie Geschosse für diese Munition, soweit die Munition oder die Geschosse nicht von dem Gesetz über die Kontrolle von Kriegswaffen erfaßt sind.

2. Kategorie B

2.1 halbautomatische Kurz-Schußwaffen und kurze Repetier-Schußwaffen,

2.2 kurze Einzellader-Schußwaffen für Munition mit Zentralfeuerzündung,

2.3 kurze Einzellader-Schußwaffen für Munition mit Randfeuerzündung mit einer Gesamtlänge von weniger als 28 cm,

2.4 halbautomatische Lang-Schußwaffen, deren Magazin und Patronenlager mehr als drei Patronen aufnehmen kann,

2.5 halbautomatische Lang-Schußwaffen, deren Magazin und Patronenlager nicht mehr als drei Patronen aufnehmen kann und deren Magazin auswechselbar ist oder bei denen nicht sichergestellt ist, daß sie mit allgemein gebräuchlichen Werkzeugen nicht zu Waffen, deren Magazin und Patronenlager mehr als drei Patronen aufnehmen kann, umgebaut werden können,

2.6 lange Repetier-Schußwaffen und halbautomatische Schußwaffen mit glattem Lauf, deren Lauf nicht länger als 60 cm ist,

2.7 zivile halbautomatische Schußwaffen, die wie vollautomatische Kriegswaffen aussehen.

3. Kategorie C

3.1 andere lange Repetier-Schußwaffen als die unter Nummer 2.6 genannten,

3.2 lange Einzellader-Schußwaffen mit gezogenem Lauf/gezogenen Läufen,

3.3 andere halbautomatische Lang-Schußwaffen als die unter den Nummern 2.4 bis 2.7 genannten,

3.4 kurze Einzellader-Schußwaffen für Munition mit Randfeuerzündung, ab einer Gesamtlänge von 28 cm.

4. Kategorie D

4.1 lange Einzellader-Schußwaffen mit glattem Lauf/glatten Läufen.

Anlage 2 (zu § 2 Abs. 2 bis 4) Waffenliste

Abschnitt 1: Verbotene Waffen

Der Umgang mit folgenden Waffen und Munition ist verboten:

1.1 Waffen (§ 1 Abs. 2), mit Ausnahme halbautomatischer tragbarer Schußwaffen, die in der Anlage zum Gesetz über die Kontrolle von Kriegswaffen (Kriegswaffenliste) in der Fassung der Bekanntmachung vom 22. November 1990 (BGBl. I S. 2506) oder deren Änderungen aufgeführt sind, nach Verlust der Kriegswaffeneigenschaft;

1.2 Schußwaffen im Sinne des § 1 Abs. 2 Nr. 1 nach den Nummern 1.2.1 bis 1.2.3 und deren Zubehör nach Nummer 1.2.4, die

1.2.1.1 **Vollautomaten** im Sinne der Anlage 1 Abschnitt 1 Unterabschnitt 1 Nr. 2.2 oder

1.2.1.2 Vorderschaftrepetierflinten, bei denen **anstelle** des Hinterschaftes ein **Kurzwaffengriff** vorhanden ist oder die **Waffengesamtlänge** in der **kürzest möglichen Verwendungsform weniger als 95 cm** oder die **Lauflänge weniger als 45 cm** beträgt, sind;

1.2.2 ihrer Form nach geeignet sind, einen anderen Gegenstand vorzutäuschen oder die mit Gegenständen des täglichen Gebrauchs verkleidet sind (z. B. Koppelschloßpistolen, Schießkugelschreiber, Stockgewehre, Taschenlampenpistolen);

1.2.3 über den für Jagd- und Sportzwecke allgemein üblichen Umfang hinaus zusammengeklappt, zusammengeschoben, verkürzt oder schnell zerlegt werden können;

1.2.4 **für Schußwaffen bestimmte**

1.2.4.1 Vorrichtungen sind, die das Ziel **beleuchten** (z. B. Zielscheinwerfer) oder **markieren** (z.B. Laser oder Zielpunktprojektoren);

1.2.4.2 Nachtsichtgeräte und Nachtzielgeräte **mit Montagevorrichtung für Schußwaffen** sowie Nachtsichtvorsätze und Nachtsichtaufsätze für Zielhilfsmittel (z.B. Zielfernrohre) sind, sofern die Gegenstände einen Bildwandler oder eine elektronische Verstärkung besitzen;

1.2.5 mehrschüssige Kurzwaffen *sind*, deren Baujahr nach dem 1. Januar 1970 liegt, für **Zentralfeuermunition in Kalibern unter 6,3 mm**, wenn der Antrieb der Geschosse nicht ausschließlich durch den Zündsatz erfolgt;

1.3 Tragbare Gegenstände im Sinne des § 1 Abs. 2 Nr. 2 Buchstabe a nach den Nummern 1.3.1 bis 1.3.8

1.3.1 Hieb- oder Stoßwaffen, die ihrer Form nach geeignet sind, einen anderen Gegenstand vorzutäuschen, oder die mit Gegenständen des täglichen Gebrauchs verkleidet sind;

1.3.2 Stahlruten, Totschläger oder Schlagringe;

1.3.3 sternförmige Scheiben, die nach ihrer Beschaffenheit und Handhabung zum Wurf auf ein Ziel bestimmt und geeignet sind, die Gesundheit zu beschädigen (Wurfsterne);

1.3.4 Gegenstände, bei denen leicht entflammbare Stoffe so verteilt und entzündet werden, daß schlagartig ein Brand entstehen kann; oder in denen unter Verwendung explosionsgefährlicher oder explosionsfähiger Stoffe eine Explosion ausgelöst werden kann;

1.3.5 Gegenstände mit Reiz- oder anderen Wirkstoffen, es sei denn, daß die Stoffe als gesundheitlich unbedenklich amtlich zugelassen sind und die Gegenstände

- in der Reichweite und Sprühdauer begrenzt sind und

- zum Nachweis der gesundheitlichen Unbedenklichkeit, der Reichweiten- und der Sprühdauerbegrenzung ein amtliches Prüfzeichen tragen;

1.3.6 Gegenstände, die unter Ausnutzung einer anderen als mechanischen Energie Verletzungen beibringen (z. B. Elektroimpulsgeräte), sofern sie nicht als gesundheitlich unbedenklich amtlich zugelassen sind und ein amtliches Prüfzeichen tragen zum Nachweis der gesundheitlichen Unbedenklichkeit; sowie Distanz-Elektroimpulsgeräte, die mit dem Abschuß- oder Auslösegerät durch einen leitungsfähigen Flüssigkeitsstrahl einen Elektroimpuls übertragen oder durch Leitung verbundene Elektroden zur Übertragung eines Elektroimpulses am Körper aufbringen

1.3.7 Präzisionsschleudern nach Anlage 1 Abschnitt 1 Unterabschnitt 2 Nr. 1.3 sowie Armstützen und vergleichbare Vorrichtungen für die vorbezeichneten Gegenstände;

1.3.8 Gegenstände, die nach ihrer Beschaffenheit und Handhabung dazu bestimmt sind, durch Drosseln die Gesundheit zu schädigen (z. B. Nunchakus);

1.4 Tragbare Gegenstände im Sinne des § 1 Abs. 2 Nr. 2 Buchstabe b nach den Nummern 1.4.1 bis 1.4.4

1.4.1 Spring- und Fallmesser nach Anlage 1 Abschnitt 1 Unterabschnitt 2 Nr. 2.1.1 und 2.1.2. Hiervon ausgenommen sind Springmesser, wenn die Klinge seitlich aus dem Griff herausspringt und der aus dem Griff herausragende Teil der Klinge

- höchstens 8,5 cm lang ist und

- nicht zweiseitig geschliffen ist;

1.4.2 Faustmesser nach Anlage 1 Abschnitt 1 Unterabschnitt 2 Nr. 2.1.3,

1.4.3 Butterflymesser nach Anlage 1 Abschnitt 1 Unterabschnitt 2 Nr. 2.1.4,

1.4.4 Gegenstände, die unter Ausnutzung einer anderen als mechanischen Energie Tieren Verletzungen beibringen (z. B. Elektroimpulsgeräte), sofern sie nicht als gesundheitlich unbedenklich amtlich zugelassen sind und ein amtliches Prüfzeichen tragen zum Nachweis der gesundheitlichen Unbedenklichkeit oder bestimmungsgemäß in der Tierhaltung Verwendung finden.

1.5 Munition und Geschosse nach den Nummern 1.5.1 bis 1.5.7

1.5.1 Geschosse mit Betäubungsstoffen, die zu Angriffs- oder Verteidigungszwecken bestimmt sind;

1.5.2 Geschosse oder Kartuschenmunition mit Reizstoffen, die zu Angriffs- oder Verteidigungszwecken bestimmt sind ohne amtliches Prüfzeichen zum Nachweis der gesundheitlichen Unbedenklichkeit;

1.5.3 Patronenmunition für Schußwaffen mit gezogenen Läufen, deren Geschosse im Durchmesser kleiner sind als die Felddurchmesser der dazugehörigen Schußwaffen und die mit einer Treib- und Führungshülse umgeben sind, die sich nach Verlassen des Laufes vom Geschoß trennt;

1.5.4 Patronenmunition mit Geschossen, die einen Leuchtspur-, Brand- oder Sprengsatz oder einen Hartkern (mindestens 400 HB 25 - Brinellhärte - bzw. 421 HV - Vickershärte -) enthalten, ausgenommen pyrotechnische Munition, die bestimmungsgemäß zur Signalgebung bei der Gefahrenabwehr dient;

1.5.5 Knallkartuschen, Reiz- und sonstige Wirkstoffmunition nach Tabelle 5 der Maßtafeln nach § 1 Abs. 3 Satz 3 der Dritten Verordnung zum Waffengesetz in der Fassung der Bekanntmachung vom 2. September 1991 (BGBl. I S. 1872), die zuletzt durch die Zweite Verordnung zur Änderung von waffenrechtlichen Verordnungen vom 24. Januar 2000 (BGBl. I S. 38) geändert wurde, in der jeweils geltenden Fassung (Maßtafeln), bei deren Verschießen in Entfernungen von mehr als 1,5 m vor der Mündung Verletzungen durch feste Bestandteile hervorgerufen werden können, ausgenommen Kartuschenmunition der Kaliber 16 und 12 mit einer Hülsenlänge von nicht mehr als 47 oder 49 mm;

1.5.6 Kleinschrotmunition, die in Lagern nach Tabelle 5 der Maßtafeln mit einem Durchmesser P(tief)1 bis 12,5 mm geladen werden kann;

1.5.7 Munition, die zur ausschließlichen Verwendung in Kriegswaffen oder durch die in § 55 Abs. 1 Satz 1 bezeichneten Stellen bestimmt ist, soweit die Munition nicht unter die Vorschriften des Gesetzes über die Kontrolle von Kriegswaffen oder des Sprengstoffgesetzes fällt.

Abschnitt 2: Erlaubnispflichtige Waffen

Unterabschnitt 1: Erlaubnispflicht

Der Umgang, ausgenommen das Überlassen, mit Waffen im Sinne des § 1 Abs. 2 Nr. 1 (Anlage 1 Abschnitt 1 Unterabschnitt 1 Nr. 1 bis 4) und der dafür bestimmten Munition bedarf der Erlaubnis, soweit solche Waffen oder Munition nicht nach Unterabschnitt 2 für die dort bezeichneten Arten des Umgangs von der Erlaubnispflicht freigestellt sind. In Unterabschnitt 3 sind die Schußwaffen oder Munition aufgeführt, bei denen die Erlaubnis unter erleichterten Voraussetzungen erteilt wird. Ist eine erlaubnispflichtige Feuerwaffe in eine Waffe umgearbeitet worden, deren Erwerb und Besitz unter erleichterten und wegfallenden Erlaubnisvoraussetzungen möglich wäre, so richtet sich die Erlaubnispflicht nach derjenigen für die ursprüngliche Waffe. Dies gilt nicht für veränderte Langwaffen nach Anlage 1 Abschnitt 1 Unterabschnitt 1 Nr. 1.5 (Salutwaffen).

Unterabschnitt 2: Erlaubnisfreie Arten des Umgangs

1. Erlaubnisfreier Erwerb und Besitz

1.1 Druckluft-, Federdruckwaffen und Waffen, bei denen zum Antrieb der Geschosse kalte Treibgase Verwendung finden, wenn den Geschossen eine Bewegungsenergie von nicht mehr als 7,5 Joule erteilt wird und die das Kennzeichen nach Anlage 1 Abbildung 1 zur Ersten Verordnung zum Waffengesetz vom 24. Mai 1976 (BGBl. I S. 1285) in der zum Zeitpunkt des Inkrafttretens dieses Gesetzes geltenden Fassung oder ein durch Rechtsverordnung nach § 25 Abs. 1 Nr. 1 Buchstabe c bestimmtes Zeichen tragen;

1.2 Druckluft-, Federdruckwaffen und Waffen, bei denen zum Antrieb der Geschosse kalte Treibgase Verwendung finden, die vor dem 1. Januar 1970 oder in dem in Artikel 3 des Einigungsvertrages genannten Gebiet vor dem 2. April 1991 hergestellt und entsprechend den zu diesem Zeitpunkt geltenden Bestimmungen in den Handel gebracht worden sind;

1.3 Schreckschuß-, Reizstoff- und Signalwaffen, die der zugelassenen Bauart nach § 8 des Beschußgesetzes entsprechen und das Zulassungszeichen nach Anlage 1 Abbildung 2 zur Ersten Verordnung zum Waffengesetz vom 24. Mai 1976 (BGBl. I S. 1285) in der zum Zeitpunkt des Inkrafttretens dieses Gesetzes geltenden Fassung oder ein durch Rechtsverordnung nach § 25 Abs. 1 Nr. 1 Buchstabe c bestimmtes Zeichen tragen;

1.4 Kartuschenmunition für die in Nummer 1.3 bezeichneten Schußwaffen;

1.5 veränderte Langwaffen, die zu Theateraufführungen, Foto-, Film- oder Fernsehaufnahmen bestimmt sind (Salutwaffen), wenn sie entsprechend den Anforderungen der Anlage 1 Abschnitt 1 Unterabschnitt 1 Nr. 1.5 abgeändert worden sind.

1.6 Schußwaffen, die vor dem 1. April 1976 entsprechend den Anforderungen des § 3 der Ersten Verordnung zum Waffengesetz vom 19. Dezember 1972 (BGBl. I S. 2522) verändert worden sind;

1.7 einläufige Einzelladerwaffen mit Zündhütchenzündung (Perkussionswaffen), deren Modell vor dem 1. Januar 1871 entwickelt worden ist;

1.8 Schußwaffen mit Lunten- oder Funkenzündung, deren Modell vor dem 1. Januar 1871 entwickelt worden ist;

1.9 Schußwaffen mit Zündnadelzündung, deren Modell vor dem 1. Januar 1871 entwickelt worden ist;

1.10 Armbrüste;

1.11 Kartuschenmunition für die nach Nummer 1.5 abgeänderten Schußwaffen sowie für Schußapparate nach § 7 des Beschußgesetzes;

1.12 pyrotechnische Munition, die das Zulassungszeichen nach Anlage II Abbildung 5 zur Dritten Verordnung zum Waffengesetz in der Fassung der Bekanntmachung vom 2. September 1991 (BGBl. I S. 1872) mit der Klassenbezeichnung PM I trägt.

2. Erlaubnisfreier Erwerb durch Inhaber einer Waffenbesitzkarte (unbeschadet der Eintragungspflicht nach § 10 Abs. 1a)

2.1 Wechsel- und Austauschläufe gleichen oder geringeren Kalibers einschließlich der für diese Läufe erforderlichen auswechselbaren Verschlüsse (Wechselsysteme);

2.2 Wechseltrommeln, aus denen nur Munition verschossen werden kann, bei der gegenüber der für die Waffe bestimmten Munition Geschoßdurchmesser und höchstzulässiger Gebrauchsgasdruck gleich oder geringer sind;

für Schußwaffen, die bereits in der Waffenbesitzkarte des Inhabers einer Erlaubnis eingetragen sind.

2a. Erlaubnisfreier Erwerb und Besitz durch Inhaber einer Waffenbesitzkarte

Einsteckläufe und dazugehörige Verschlüsse (Einstecksysteme) sowie Einsätze, die dazu bestimmt sind, Munition mit kleinerer Abmessung zu verschießen, und die keine Einsteckläufe sind;

für Schußwaffen, die bereits in der Waffenbesitzkarte des Inhabers einer Erlaubnis eingetragen sind.

3. Erlaubnisfreies Führen

3.1 Schußwaffen mit Lunten- oder Funkenzündung, deren Modell vor dem 1. Januar 1871 entwickelt worden ist;

3.2 Armbrüste.

4. Erlaubnisfreier Handel und erlaubnisfreie Herstellung

4.1 Schußwaffen mit Lunten- oder Funkenzündung, deren Modell vor dem 1. Januar 1871 entwickelt worden ist;

4.2 Armbrüste.

5. Erlaubnisfreier Handel

5.1 Einläufige Einzelladerwaffen mit Zündhütchenzündung (Perkussionswaffen), deren Modell vor dem 1. Januar 1871 entwickelt worden ist;

5.2 Schußwaffen mit Zündnadelzündung, deren Modell vor dem 1. Januar 1871 entwickelt worden ist.

6. Erlaubnisfreie nichtgewerbsmäßige Herstellung

6.1 Munition.

7. Erlaubnisfreies Verbringen und erlaubnisfreie Mitnahme in den, durch den oder aus dem Geltungsbereich des Gesetzes

7.1 Druckluft-, Federdruckwaffen und Waffen, bei denen zum Antrieb der Geschosse kalte Treibgase Verwendung finden, sofern sie den Voraussetzungen der Nummer 1.1 oder 1.2 entsprechen;

7.2 Schreckschuß-, Reizstoff- und Signalwaffen, die der zugelassenen Bauart nach § 8 des Beschußgesetzes entsprechen und das Zulassungszeichen nach Anlage 1 Abbildung 2 zur Ersten Verordnung zum Waffengesetz vom 24. Mai 1976 (BGBl. I S. 1285) in der zum Zeitpunkt des Inkrafttretens dieses Gesetzes geltenden Fassung oder ein durch Rechtsverordnung nach § 25 Abs. 1 Nr. 1 Buchstabe c bestimmtes Zeichen tragen;

7.3 veränderte Langwaffen, die zu Theateraufführungen, Foto-, Film- oder Fernsehaufnahmen bestimmt sind (Salutwaffen), wenn sie entsprechend den Anforderungen der Anlage 1 Abschnitt 1 Unterabschnitt 1 Nr. 1.5 abgeändert worden sind.

7.4 Schußwaffen, die vor dem 1. April 1976 entsprechend den Anforderungen des § 3 der Ersten Verordnung zum Waffengesetz vom 19. Dezember 1972 (BGBl. I S. 2522) verändert worden sind;

7.5 Munition für die in Nummer 7.2 bezeichneten Waffen;

7.6 einläufige Einzelladerwaffen mit Zündhütchenzündung (Perkussionswaffen), deren Modell vor dem 1. Januar 1871 entwickelt worden ist;

7.7 Schußwaffen mit Lunten- oder Funkenzündung oder mit Zündnadelzündung deren Modell vor dem 1. Januar 1871 entwickelt worden ist;

7.8 Armbrüste;

7.9 pyrotechnische Munition, die das Zulassungszeichen nach Anlage II Abbildung 5 zur Dritten Verordnung zum Waffengesetz in der Fassung der Bekanntmachung vom 2. September 1991 (BGBl. I S. 1872) mit der Klassenbezeichnung PM I trägt.

8. Erlaubnisfreies Verbringen und erlaubnisfreie Mitnahme aus dem Geltungsbereich des Gesetzes in einen Staat, der nicht Mitgliedstaat der Europäischen Union ist

Sämtliche Waffen im Sinne des § 1 Absatz 2.

Unterabschnitt 3: Entbehrlichkeit einzelner Erlaubnisvoraussetzungen

1. Erwerb und Besitz ohne Bedürfnisnachweis (§ 4 Abs. 1 Nr. 4)

1.1 Feuerwaffen, deren Geschossen eine Bewegungsenergie von nicht mehr als 7,5 Joule erteilt wird und die das Kennzeichen nach Anlage 1 Abbildung 1 der Ersten Verordnung zum Waffengesetz vom 24. Mai 1976 (BGBl. I S. 1285) in der zum Zeitpunkt des Inkrafttretens dieses Gesetzes geltenden Fassung oder ein durch Rechtsverordnung nach § 25 Abs. 1 Nr. 1 Buchstabe c bestimmtes Zeichen tragen;

1.2 für Waffen nach Nummer 1.1 bestimmte Munition.

2. Führen ohne Sachkunde-, Bedürfnis- und Haftpflichtversicherungsnachweis (§ 4 Abs. 1 Nr. 3 bis 5) - Kleiner Waffenschein

2.1 Schreckschuß-, Reizstoff- und Signalwaffen nach Unterabschnitt 2 Nr. 1.3.

Abschnitt 3: Vom Gesetz ganz oder teilweise ausgenommene Waffen

Unterabschnitt 1: Vom Gesetz mit Ausnahme von § 2 Abs. 1 und § 41 ausgenommene Waffen

Unterwassersportgeräte, bei denen zum Antrieb der Geschosse keine Munition verwendet wird (Harpunengeräte).

Unterabschnitt 2: Vom Gesetz mit Ausnahme des § 42a ausgenommene Waffen

1. Schußwaffen (Anlage 1 Abschnitt 1 Unterabschnitt 1 Nr. 1.1, ausgenommen Blasrohre), die **zum Spiel bestimmt** sind, wenn aus ihnen nur Geschosse verschossen werden können, denen eine Bewegungsenergie von nicht mehr als 0,5 Joule (J) erteilt wird, es sei denn, sie können mit allgemein gebräuchlichen Werkzeugen so geändert werden, daß die Bewegungsenergie der Geschosse über 0,5 Joule (J) steigt.

2. Schußwaffen (Anlage 1 Abschnitt 1 Unterabschnitt 1 Nr. 1.1), bei denen feste Körper **durch Muskelkraft ohne Möglichkeit der Speicherung** der so eingebrachten Antriebsenergie durch eine Sperrvorrichtung angetrieben werden (z. B. Blasrohre).

3. Gegenstände, die **zum Spiel bestimmt** sind, wenn mit ihnen nur Zündblättchen, -bänder, -ringe (Amorces) oder Knallkorken abgeschossen werden können, es sei denn, sie können mit **allgemein gebräuchlichen Werkzeugen** in eine Schußwaffe oder einen anderen einer Schußwaffe gleichstehenden Gegenstand umgearbeitet werden.

4. Unbrauchbar gemachte Schußwaffen (**Dekorationswaffen**); dies sind

4.1 unbrauchbar gemachte Schußwaffen, die vor dem 1. April 2003 entsprechend den Anforderungen des § 7 der Ersten Verordnung zum Waffengesetz vom 24. Mai 1976 (BGBl. I S. 1285) in der bis zu diesem Zeitpunkt geltenden Fassung unbrauchbar gemacht worden sind;

4.2 unbrauchbar gemachte Schußwaffen, Zier- oder Sammlerwaffen, die in der Zeit vom 1. April 2003 an entsprechend den Anforderungen der Anlage 1 Abschnitt 1 Unterabschnitt 1 Nr. 1.4 unbrauchbar gemacht worden sind und die ein Zulassungszeichen nach Anlage II Abbildung 11 zur Beschußverordnung vom 13. Juli 2006 (BGBl. I S. 1474) aufweisen.

5. Nachbildungen von Schußwaffen nach Anlage 1 Abschnitt 1 Unterabschnitt 1 Nr. 6.

Die Allgemeine Waffengesetz-Verordnung (AWaffV)

§ 1 Umfang der Sachkunde

(1) Die in der Prüfung nach § 7 Abs. 1 des Waffengesetzes nachzuweisende Sachkunde umfaßt ausreichende Kenntnisse

1. über die beim Umgang mit Waffen und Munition zu beachtenden Rechtsvorschriften des Waffenrechts, des Beschußrechts sowie der Notwehr und des Notstands,

2. auf waffentechnischem Gebiet über Schußwaffen (Langwaffen, Kurzwaffen und Munition) hinsichtlich Funktionsweise, sowie Innen- und Außenballistik, Reichweite und Wirkungsweise des Geschosses, bei verbotenen Gegenständen, die keine Schußwaffen sind, über die Funktions- und Wirkungsweise sowie die Reichweite,

3. über die sichere Handhabung von Waffen oder Munition einschließlich ausreichender Fertigkeiten im Schießen mit Schußwaffen.

(2) Die nach Absatz 1 nachzuweisenden Kenntnisse über Waffen und Munition brauchen nur für die beantragte Waffen- und Munitionsart und nur für den mit dem Bedürfnis geltend gemachten und den damit im Zusammenhang stehenden Zweck nachgewiesen werden.

(3) Wird eine Erlaubnis nach § 26 des Waffengesetzes beantragt, so umfaßt die nachzuweisende Sachkunde außer waffentechnischen Kenntnissen auch Werkstoff-, Fertigungs- und Ballistikkenntnisse.

§ 2 Prüfung

(1) Die zuständige Behörde bildet für die Abnahme der Prüfung Prüfungsausschüsse.

(2) Ein Prüfungsausschuß besteht aus dem Vorsitzenden und zwei Beisitzern. Die Mitglieder müssen sachkundig sein. Nicht mehr als ein Mitglied des Ausschusses darf in der Waffenherstellung oder im Waffenhandel tätig sein.

(3) Die Prüfung besteht aus einem theoretischen und einem praktischen Teil, der den Nachweis der ausreichenden Fertigkeiten nach § 1 Abs. 1 Nr. 3 einschließt. Über das Ergebnis und den wesentlichen Inhalt der Prüfung ist eine Niederschrift anzufertigen, die vom Vorsitzenden des Prüfungsausschusses zu unterzeichnen ist.

(4) Über das Prüfungsergebnis ist dem Bewerber ein Zeugnis zu erteilen, das Art und Umfang der erworbenen Sachkunde erkennen lassen muß und vom Vorsitzenden des Prüfungsausschusses zu unterzeichnen ist.

(5) Eine Prüfung kann bei Nichtbestehen auch mehrmals wiederholt werden. Der Prüfungsausschuß kann bestimmen, daß die Prüfung erst nach Ablauf einer bestimmten Frist wiederholt werden darf.

§ 3 Anderweitiger Nachweis der Sachkunde

(1) Die Sachkunde gilt insbesondere als nachgewiesen, wenn der Antragsteller

1.

a) die Jägerprüfung oder eine ihr gleichgestellte Prüfung bestanden hat oder durch eine Bescheinigung eines Ausbildungsleiters für das Schießwesen nachweist, daß er die erforderlichen Kenntnisse durch Teilnahme an einem Lehrgang für die Ablegung der Jägerprüfung erworben hat,

b) die Gesellenprüfung für das Büchsenmacherhandwerk bestanden hat oder

2.

a) seine Fachkunde nach § 22 Abs. 1 Satz 1 des Waffengesetzes nachgewiesen hat,

b) mindestens drei Jahre als Vollzeitkraft im Handel mit Schußwaffen und Munition tätig gewesen ist oder

c) die nach § 7 des Waffengesetzes nachzuweisenden Kenntnisse auf Grund einer anderweitigen, insbesondere behördlichen oder staatlich anerkannten Ausbildung oder als Sportschütze eines anerkannten Schießsportverbandes erworben und durch eine Bescheinigung der Behörde, des Ausbildungsträgers oder Schießsportverbandes nachgewiesen hat,

sofern die Tätigkeit nach Nummer 2 Buchstabe b oder Ausbildung nach Nummer 2 Buchstabe c ihrer Art nach geeignet war, die für den Umgang mit der beantragten Waffe oder Munition erforderliche Sachkunde zu vermitteln. Ausbildungen im Sinne der Nummer 2 Buchstabe c können auch durchgeführt werden im Rahmen von

1. Ausbildungen, die mit einer zum Führen eines Luft- oder Wasserfahrzeuges berechtigenden staatlichen Prüfung abschließen,

2. staatlich anerkannten Berufsausbildungen der Luft- und Seefahrt.

Der Nachweis der waffenrechtlichen Sachkunde wird durch eine von der Prüfungskommission erteilte Bescheinigung oder einen Eintrag im Prüfungszeugnis oder der Fahrerlaubnis geführt.

(2) Die staatliche Anerkennung von Lehrgängen zur Vermittlung der Sachkunde im Umgang mit Waffen und Munition erfolgt durch die zuständige Behörde; sie gilt für den gesamten Geltungsbereich des Waffengesetzes. Eine Anerkennung des waffenrechtlichen Teils einer zum Führen eines Luft- oder Wasserfahrzeuges berechtigenden staatlichen Prüfung soll erfolgen, wenn die theoretische Ausbildung auf der Grundlage anerkannter Grundsätze, insbesondere eines zwischen Bund, Ländern und Verbänden abgestimmten Fragenkatalogs, stattfindet und die praktische Unterweisung im Umgang mit Seenotsignalmitteln durch sachkundige Personen erfolgt.

(3) Lehrgänge dürfen nur anerkannt werden, wenn in einem theoretischen Teil die in § 1 Abs. 1 Nr. 1 und 2 bezeichneten Kenntnisse und in einem praktischen Teil ausreichende Fertigkeiten in der Handhabung von Waffen und im Schießen mit Schußwaffen im Sinne des § 1 Abs. 1 Nr. 3 vermittelt werden; § 1 Abs. 2 bleibt unberührt. Außerdem dürfen Lehrgänge nur anerkannt werden, wenn

1. der Antragsteller die erforderliche Zuverlässigkeit und persönliche Eignung für die Durchführung des Lehrgangs besitzt,

2. die fachliche Leitung des Lehrgangs und die von dem Lehrgangsträger beauftragten Lehrkräfte die ordnungsgemäße Durchführung der Ausbildung gewährleisten,

3. die Dauer des Lehrgangs eine ordnungsgemäße Vermittlung der erforderlichen Kenntnisse und Fertigkeiten gewährleistet und

4. der Antragsteller mit den erforderlichen Lehrmitteln ausgestattet ist und über einen geeigneten Unterrichtsraum verfügt.

(4) Der Lehrgang ist mit einer theoretischen und einer praktischen Prüfung abzuschließen. Sie ist vor einem Prüfungsausschuß abzulegen, der von dem Lehrgangsträger gebildet wird. Im Übrigen gilt § 2 entsprechend mit der Maßgabe, daß der Lehrgangsträger verpflichtet ist,

1. die Durchführung der Prüfung und die Namen der Prüfungsteilnehmer der für den Ort der Lehrgangsveranstaltung zuständigen Behörde zwei Wochen vor dem Tag der Prüfung anzuzeigen

und

2. einem Vertreter der Behörde die Teilnahme an der Prüfung zu gestatten. Im Falle seiner Teilnahme hat der Vertreter der Behörde die Stellung eines weiteren Beisitzers im Prüfungsausschuß; bei Stimmengleichheit gibt die Stimme des Vorsitzenden den Ausschlag.

(5) **Schießsportliche Vereine**, die einem nach § 15 Abs. 3 des Waffengesetzes **anerkannten Schießsportverband** angehören, können Sachkundeprüfungen für ihre **Mitglieder** abnehmen. Absatz 2, zweiter Halbsatz und die Absätze 3 und 4 finden hierfür entsprechende Anwendung. Zur Durchführung der Prüfung bilden die schießsportlichen Vereine **eigene Prüfungsausschüsse**.

§ 4 Gutachten über die persönliche Eignung

(1) Derjenige,

1. dem gegenüber die zuständige Behörde die Vorlage eines amts- oder fachärztlichen oder fachpsychologischen Gutachtens angeordnet hat, weil begründete Zweifel an von ihm beigebrachten Bescheinigungen oder durch Tatsachen begründete Bedenken bestehen, daß er

a) geschäftsunfähig oder in seiner Geschäftsfähigkeit beschränkt ist,

b) abhängig von Alkohol oder anderen berauschenden Mitteln, psychisch krank oder debil ist,

c)auf Grund in seiner Person liegender Umstände mit Waffen oder Munition nicht vorsichtig oder sachgemäß umgehen oder diese Gegenstände nicht sorgfältig verwahren kann oder daß die konkrete Gefahr einer Fremd- oder Selbstgefährdung besteht,

oder

2. der zur Vorlage eines Gutachtens über die geistige Eignung verpflichtet ist, weil er noch nicht das 25. Lebensjahr vollendet hat und eine erlaubnispflichtige Schußwaffe, ausgenommen Schußwaffen der in § 14 Abs. 1 Satz 2 des Waffengesetzes genannten Art, erwerben und besitzen will,

hat auf eigene Kosten mit der Begutachtung einen sachkundigen Gutachter zu beauftragen.

(2) Die Begutachtung in den Fällen des Absatzes 1 soll von Gutachtern folgender Fachrichtungen durchgeführt werden:

1. Amtsärzten,

2. Fachärzten der Fachrichtungen Psychiatrie, Psychiatrie und Psychotherapie, Psychiatrie und Neurologie, Nervenheilkunde, Kinder- und Jugendpsychiatrie oder Kinder- und Jugendpsychiatrie und -psychotherapie,

3. Psychotherapeuten, die nach dem Psychotherapeutengesetz approbiert sind,

4. Fachärzten für Psychotherapeutische Medizin oder

5. Fachpsychologen der Fachrichtungen Rechtspsychologie, Verkehrspsychologie oder klinische Psychologie.

Das Vorliegen der Sachkunde auf dem betreffenden Gebiet beurteilt sich nach berufsständischen Regeln.

(3) In den Fällen des Absatzes 1 Nr. 1 teilt die Behörde dem Betroffenen unter Darlegung der Gründe für die Zweifel oder der die Bedenken begründenden Tatsachen hinsichtlich seiner persönlichen Eignung mit, daß er sich innerhalb einer von ihr festgelegten Frist auf seine Kosten der Untersuchung zu unterziehen und ein Gutachten beizubringen hat. Der Betroffene hat die Behörde darüber zu unterrichten, wen er mit der Untersuchung beauftragt hat. Die Behörde übersendet zur Durchführung der Untersuchung auf Verlangen des Gutachters bei Vorliegen der Einwilligung des Betroffenen die zur Begutachtung erforderlichen ihr vorliegenden Unterlagen. Der Gutachter ist verpflichtet, sich mit der Erstattung des Gutachtens von den Unterlagen zu entlasten, indem er sie der Behörde übergibt oder vernichtet.

(4) Zwischen dem **Gutachter** und dem **Betroffenen** darf in den letzten fünf Jahren **kein Behandlungsverhältnis** bestanden haben. Der Gutachter hat in dem Gutachten zu versichern, daß der Betroffene in dem vorgenannten Zeitraum nicht in einem derartigen Behandlungsverhältnis stand oder jetzt steht. Die Sätze 1 und 2 schließen eine Konsultation des in den genannten Zeiträumen behandelnden Haus- oder Facharztes durch den Gutachter nicht aus.

(5) Der Gutachter hat sich über den Betroffenen einen persönlichen Eindruck zu verschaffen. Das Gutachten muß darüber Auskunft geben, ob der Betroffene persönlich ungeeignet ist, mit Waffen oder Munition umzugehen; die bei der Erstellung des Gutachtens angewandte Methode muß angegeben werden. In den Fällen des Absatzes 1 Nr. 2 ist in der Regel ausreichend ein Gutachten auf Grund anerkannter Testverfahren über die Frage, ob der Betroffene infolge fehlender Reife geistig ungeeignet ist für den Umgang mit den dort aufgeführten Schußwaffen. Kann allein auf Grund des Tests nicht ausgeschlossen werden, daß der Betroffene geistig ungeeignet ist, ist mit einer weitergehenden Untersuchung nach dem jeweiligen Stand der Wissenschaft vorzugehen.

(6) **Weigert** sich in den Fällen des Absatzes 1 Nr. 1 der **Betroffene**, sich **untersuchen** zu lassen, oder bringt er der zuständigen Behörde das von ihr geforderte Gutachten aus von ihm zu vertretenden Gründen nicht fristgerecht bei, darf die Behörde bei ihrer Entscheidung auf die **Nichteignung** des Betroffenen schließen. Der Betroffene ist hierauf bei der Anordnung nach Absatz 1 Nr. 1 in Verbindung mit Absatz 3 Satz 1 hinzuweisen.

(7) Dienstwaffenträger können an Stelle des in § 6 Abs. 3 des Waffengesetzes genannten Zeugnisses eine Bescheinigung ihrer Dienstbehörde vorlegen, daß eine Begutachtung ihrer geistigen Eignung durch einen sachkundigen Gutachter bereits stattgefunden hat und daß sie uneingeschränkt zum Umgang mit Dienstwaffen berechtigt sind.

§ 5 Schießsportordnungen

(1) Die Genehmigung einer Sportordnung für das Schießen mit Schußwaffen setzt insbesondere voraus, daß das **Schießen nur auf zugelassenen Schießstätten** veranstaltet wird und

1. jeder Schütze den Regeln der Sportordnung unterworfen ist,

2. ausreichende Sicherheitsbestimmungen für das Schießen festgelegt und dabei insbesondere Regelungen zu den erforderlichen **verantwortlichen Aufsichtspersonen** (§ 10) getroffen sind,

3. mit nicht vom Schießsport ausgeschlossenen Waffen (§ 6) durchgeführt wird,

4. nicht im Schießsport unzulässige Schießübungen (§ 7) durchgeführt werden,

5. jede einzelne Schießdisziplin beschrieben und die für sie zugelassenen Waffen nach Art, Kaliber, Lauflänge und Visierung bezeichnet sind, wobei bei einzelnen Schießdisziplinen auch ausdrücklich festgelegt werden kann, daß nur einzelne oder auch keine speziellen Vorgaben (freie Klassen) erfolgen, und

6. zur Ausübung der jeweiligen Schießdisziplinen **zugelassene Schießstätten** zur regelmäßigen Nutzung **verfügbar** sind.

(2) Dem Antrag auf Genehmigung einer Schießsportordnung sind die zur Prüfung des Vorliegens der Voraussetzungen wesentlichen Regelungen und Angaben, insbesondere auch die Beschreibung des Ablaufs der einzelnen Schießdisziplinen, beizufügen. Die Genehmigung von Änderungen der Schießsportordnung, insbesondere von der Neuaufnahme von Schießdisziplinen, ist vor Aufnahme des jeweiligen Schießbetriebs nach den geänderten Regeln einzuholen. Der Wegfall oder der Ersatz der regelmäßigen Nutzungsmöglichkeit von nach Absatz 1 Nr. 6 angegebenen Schießstätten ist unverzüglich anzuzeigen.

(3) Im Einzelfall kann ein Verband oder ein ihm angegliederter Teilverband zur Erprobung neuer Schießübungen Abweichungen von den Schießdisziplinen der genehmigten Schießsportordnung zulassen. Zulassungen nach Satz 1 sind auf höchstens ein Jahr zu befristen und müssen die Art der Abweichung von der genehmigten Schießsportordnung bezeichnen; sie sind dem Bundesverwaltungsamt vor Beginn der Erprobungsphase anzuzeigen. Das Bundesverwaltungsamt kann zur Abwehr von Gefahren für die öffentliche Sicherheit oder Ordnung Zulassungen nach Satz 1 untersagen oder Anordnungen treffen.

(4) Für das sportliche Schießen im Training und im Einzelfall für Schießsportveranstaltungen können Schießsportordnungen Abweichungen von den in ihr festgelegten Schießdisziplinen zulassen.

§ 6 Vom Schießsport ausgeschlossene Schußwaffen

(1) Vom sportlichen Schießen sind ausgeschlossen:

1. **Kurzwaffen** mit einer Lauflänge von weniger als 7,62 Zentimeter (drei Zoll) Länge;

2. **halbautomatische Schußwaffen**, die ihrer **äußeren Form** nach den **Anschein einer vollautomatischen Kriegswaffe** hervorrufen, die Kriegswaffe im Sinne des Gesetzes über die Kontrolle von Kriegswaffen ist, **wenn**

a) die **Lauflänge** weniger als 42 Zentimeter beträgt,

b) das **Magazin** sich **hinter der Abzugseinheit** befindet (so genannte Bul-Pup-Waffen)

oder

c) die **Hülsenlänge** der verwendeten Munition **bei Langwaffen** weniger als 40 Millimeter beträgt;

3. **halbautomatische Langwaffen** mit einem **Magazin**, das eine **Kapazität von mehr als zehn Patronen** hat.

(2) Das Verbot des Schießsports mit Schußwaffen und Munition im Sinne der Anlage 2 Abschnitt 1 des Waffengesetzes bleibt unberührt.

(3) Das Bundesverwaltungsamt kann auf Antrag eines anerkannten Schießsportverbandes Ausnahmen von den Verboten des Absatzes 1 zulassen, insbesondere wenn es sich um in national oder international bedeutenden Schießsportwettkämpfen verwendete Schußwaffen handelt.

(4) Zuständige Behörde für die Beurteilung der Schußwaffen nach Absatz 1 ist das Bundeskriminalamt.

§ 7 Unzulässige Schießübungen im Schießsport

(1) Im Schießsport sind die Durchführung von Schießübungen in der Verteidigung mit Schußwaffen (§ 22) und solche Schießübungen und Wettbewerbe verboten, bei denen

1. das Schießen aus Deckungen heraus erfolgt,

2. nach der Abgabe des ersten Schusses Hindernisse überwunden werden,

3. das Schießen im deutlich erkennbaren Laufen erfolgt,

4. das schnelle Reagieren auf plötzlich und überraschend auftauchende, sich bewegende Ziele gefordert wird,

a) ausgenommen das Schießen auf Wurf- und auf laufende Scheiben,

b) es sei denn, das Schießen erfolgt entsprechend einer vom Bundesverwaltungsamt genehmigten Sportordnung,

5. das Überkreuzziehen von mehr als einer Waffe (Cross Draw) gefordert wird,

6. Schüsse ohne genaues Anvisieren des Ziels (Deutschüsse) abgegeben werden, ausgenommen das Schießen auf Wurfscheiben, oder

7. der Ablauf der Schießübung dem Schützen vor ihrer Absolvierung nicht auf Grund zuvor festgelegter Regeln bekannt ist.

Die Veranstaltung der in Satz 1 genannten Schießübungen und die Teilnahme als Sportschütze an diesen sind verboten.

(2) Das Verbot von Schießübungen des kampfmäßigen Schießens (§ 15 Abs. 6 Satz 2 des Waffengesetzes) und mit verbotenen oder vom Schießsport ausgeschlossenen Schußwaffen oder Teilen von Schußwaffen (§ 6), soweit nicht eine Ausnahme nach § 6 Abs. 3 erteilt ist, bleibt unberührt.

(3) Die Ausbildung und das Training im jagdlichen Schießen einschließlich jagdlicher Schießwettkämpfe werden durch die vorstehenden Regelungen nicht beschränkt.

§ 8 Beirat für schießsportliche Fragen

(1) Beim Bundesministerium des Innern wird ein Beirat für schießsportliche Fragen (Fachbeirat) gebildet. Den Vorsitz führt ein Vertreter des Bundesministeriums des Innern. An den Sitzungen des Fachbeirates nehmen Vertreter des Bundesverwaltungsamtes teil.

(2) Der Fachbeirat setzt sich aus dem Vorsitzenden und aus folgenden ständigen Mitgliedern zusammen:

1. je einem Vertreter jedes Landes,

2. einem Vertreter des Deutschen Olympischen Sportbundes,

3. je einem Vertreter der anerkannten Schießsportverbände,

4. einem Vertreter der Deutschen Versuchs- und Prüfanstalt für Jagd- und Sportwaffen e.V.

(3) Die Mitglieder des Fachbeirates sollen auf schießsportlichem Gebiet sachverständig und erfahren sein.

(4) Das Bundesministerium des Innern kann Vertreter weiterer Bundes- und Landesbehörden sowie weitere Sachverständige insbesondere auf schießsportlichem oder waffentechnischem Gebiet zur Beratung hinzuziehen. In den Fällen, in denen der Fachbeirat über die Genehmigung der Schießsportordnung eines nicht anerkannten Schießsportverbandes beraten soll, lädt das Bundesministerium des Innern auch einen Vertreter dieses Verbandes ein.

(5) Das Bundesministerium des Innern beruft

1. die Vertreter jedes Landes einschließlich deren Stellvertreter auf Vorschlag des Landes;

2. die Vertreter der in Absatz 2 Nr. 2, 3 und 4 bezeichneten Verbände und Organisationen nach Anhörung der Vorstände dieser Verbände.

(6) Die Mitglieder des Fachbeirates üben ihre Tätigkeit ehrenamtlich aus, sofern sie keine Behörde vertreten.

§ 9 Zulässige Schießübungen auf Schießstätten

(1) Auf einer Schießstätte ist **unter Beachtung des Verbots des kampfmäßigen Schießens** (§ 27 Abs. 7 Satz 1 des Waffengesetzes) das Schießen mit Schußwaffen und Munition auf der Grundlage der für die Schießstätte erteilten Erlaubnis (§ 27 Abs. 1 Satz 1 des Waffengesetzes) nur zulässig, wenn

1. die Person, die zu schießen beabsichtigt, die Berechtigung zum Erwerb und Besitz von Schußwaffen nachweisen kann und das Schießen mit Schußwaffen dieser Art innerhalb des der Berechtigung zugrunde liegenden Bedürfnisses erfolgt,

2. geschossen wird

a) auf der Grundlage einer genehmigten Schießsportordnung,

b) im Rahmen von Lehrgängen oder Schießübungen in der Verteidigung mit Schußwaffen (§ 22),

c) zur Erlangung der Sachkunde (§ 1 Abs. 1 Nr. 3) oder

d) in der jagdlichen Ausbildung,

oder

3. es sich nicht um Schußwaffen und Munition nach § 6 Abs. 1 handelt.

In den Fällen des Satzes 1 Nr. 1, Nr. 2 Buchstabe c und Nr. 3 gilt § 7 Abs. 1 und 3 entsprechend; beim Schießen nach Satz 1 Nr. 2 Buchstabe a bleibt § 7 unberührt. Der Betreiber der Schießstätte hat die Einhaltung der Voraussetzungen nach den Sätzen 1 und 2 zu überwachen.

(2) Die zuständige Behörde kann dem Betreiber einer Schießstätte oder im Einzelfall dem Benutzer Ausnahmen von den Beschränkungen des Absatzes 1 gestatten, soweit Belange der öffentlichen Sicherheit und Ordnung nicht entgegenstehen.

(3) Absatz 1 gilt nicht für Behörden oder Dienststellen und deren Bedienstete, die nach § 55 Abs. 1 des Waffengesetzes oder auf Grund einer nach § 55 Abs. 5 oder 6 des Waffengesetzes erlassenen Rechtsverordnung von der Anwendung des Waffengesetzes ausgenommen sind.

§ 10 Aufsichtspersonen; Obhut über das Schießen durch Kinder und Jugend

(1) Der Inhaber der Erlaubnis für die Schießstätte (Erlaubnisinhaber) hat unter Berücksichtigung der Erfordernisse eines sicheren Schießbetriebs eine oder mehrere verantwortliche Aufsichtspersonen für das Schießen zu bestellen, soweit er nicht selbst die Aufsicht wahrnimmt oder eine schießsportliche oder jagdliche Vereinigung oder ein Veranstalter im Sinne des § 22 durch eigene verantwortliche Aufsichtspersonen die Aufsicht übernimmt. Der Erlaubnisinhaber kann selbst die Aufsicht wahrnehmen, wenn er die **erforderliche Sachkunde** nachgewiesen hat und, sofern es die Obhut über das Schießen durch Kinder und Jugendliche betrifft, die **Eignung** zur Kinder- und Jugendarbeit besitzt. Aufsichtspersonen müssen das 18. Lebensjahr vollendet haben. Der Schießbetrieb darf nicht aufgenommen oder fortgesetzt werden, solange keine ausreichende Anzahl von verantwortlichen Aufsichtspersonen die Aufsicht wahrnimmt. Die zuständige Behörde kann gegenüber dem Erlaubnisinhaber die Zahl der nach Satz 1 erforderlichen Aufsichtspersonen festlegen.

(2) Der Erlaubnisinhaber hat der zuständigen Behörde die Personalien der verantwortlichen Aufsichtspersonen zwei Wochen vor der Übernahme der Aufsicht schriftlich anzuzeigen; beauftragt eine schießsportliche oder jagdliche Vereinigung die verantwortliche Aufsichtsperson, so obliegt diese Anzeige der Aufsichtsperson selbst. Der Anzeige sind Nachweise beizufügen, aus denen hervorgeht, daß die Aufsichtsperson die erforderliche Sachkunde und, sofern es die Obhut über das Schießen durch Kinder und Jugendliche betrifft, auch die Eignung zur Kinder- und Jugendarbeit besitzt. Der Erlaubnisinhaber hat das Ausscheiden der angezeigten Aufsichtsperson und die Bestellung einer neuen Aufsichtsperson der zuständigen Behörde unverzüglich anzuzeigen.

(3) Bei der Beauftragung der verantwortlichen Aufsichtsperson durch einen schießsportlichen Verein eines anerkannten Schießsportverbandes genügt an Stelle der Anzeige nach Absatz 2 Satz 1 eine Registrierung der Aufsichtsperson bei dem Verein. Dieser hat bei der Registrierung das Vorliegen der Voraussetzungen der erforderlichen Sachkunde und, sofern es die Obhut über das Schießen durch Kinder und Jugendliche betrifft, auch der Eignung zur Kinder- und

Jugendarbeit zu überprüfen und zu vermerken. Der Aufsichtsperson ist durch den Verein hierüber ein Nachweisdokument auszustellen. Die Aufsichtsperson hat dieses Dokument während der Wahrnehmung der Aufsicht mitzuführen und zur Kontrolle Befugten auf Verlangen zur Prüfung auszuhändigen. Für eine Überprüfung nach Satz 4 hat der Verein auf Verlangen Einblick in die Registrierung der Aufsichtsperson zu gewähren. Die Sätze 1 bis 5 gelten entsprechend bei der von einer jagdlichen Vereinigung beauftragten verantwortlichen Aufsichtsperson mit der Maßgabe, daß während der Ausübung der Aufsicht ein gültiger Jagdschein nach § 15 Abs. 1 Satz 1 des Bundesjagdgesetzes mitzuführen ist.

(4) Ergeben sich Anhaltspunkte für die begründete Annahme, daß die verantwortliche Aufsichtsperson die erforderliche Zuverlässigkeit, persönliche Eignung oder Sachkunde oder, sofern es die Obhut über das Schießen durch Kinder und Jugendliche betrifft, die Eignung zur Kinder- und Jugendarbeit nicht besitzt, so hat die zuständige Behörde dem Erlaubnisinhaber gegenüber die Ausübung der Aufsicht durch die Aufsichtsperson zu untersagen.

(5) Die Obhut über das Schießen durch Kinder und Jugendliche ist durch eine hierfür qualifizierte und auf der Schießstätte anwesende Aufsichtsperson auszuüben, die

1. für die Schießausbildung der Kinder oder Jugendlichen leitend verantwortlich ist und

2. berechtigt ist, jederzeit der Aufsicht beim Schützen Weisungen zu erteilen oder die Aufsicht beim Schützen selbst zu übernehmen.

(6) Die Qualifizierung zur Aufsichtsperson oder zur Eignung zur Kinder- und Jugendarbeit kann durch die Jagdverbände oder die anerkannten Schießsportverbände erfolgen; bei Schießsportverbänden sind die Qualifizierungsrichtlinien Bestandteil des Anerkennungsverfahrens nach § 15 des Waffengesetzes.

(7) Die Absätze 1 bis 6 gelten nicht für ortsveränderliche Schießstätten im Sinne von § 27 Abs. 6 des Waffengesetzes.

§ 11 Aufsicht

(1) Die verantwortlichen Aufsichtspersonen haben das Schießen in der Schießstätte ständig zu beaufsichtigen, insbesondere dafür zu sorgen, daß die in der Schießstätte Anwesenden durch ihr Verhalten keine vermeidbaren Gefahren verursachen, und zu beachten, dass die Bestimmungen des § 27 Abs. 3 oder 6 des Waffengesetzes eingehalten werden. Sie haben, wenn dies zur Verhütung oder Beseitigung von Gefahren erforderlich ist, das Schießen oder den Aufenthalt in der Schießstätte zu untersagen.

(2) Die Benutzer der Schießstätten haben die Anordnungen der verantwortlichen Aufsichtspersonen nach Absatz 1 zu befolgen.

(3) Eine zur Aufsichtsführung befähigte Person darf schießen, ohne selbst beaufsichtigt zu werden, wenn sichergestellt ist, daß sie sich allein auf dem Schießstand befindet.

§ 12 Überprüfung der Schießstätten

(1) Schießstätten sind vor ihrer ersten Inbetriebnahme hinsichtlich der sicherheitstechnischen Anforderungen zu überprüfen. In regelmäßigen Abständen von mindestens vier Jahren sind sie von der zuständigen Behörde zu überprüfen, wenn auf ihnen mit erlaubnispflichtigen Schußwaffen geschossen wird. Ist das Schießen auf einer Schießstätte nur mit erlaubnisfreien Schußwaffen

zulässig, so ist eine Überprüfung mindestens alle sechs Jahre erforderlich. Falls Zweifel an dem ordnungsgemäßen Zustand oder den erforderlichen schießtechnischen Einrichtungen bestehen, kann die zuständige Behörde die Schießstätte in sicherheitstechnischer Hinsicht überprüfen oder von dem Erlaubnisinhaber die Vorlage eines Gutachtens eines anerkannten Schießstandsachverständigen verlangen. Die Kosten hierfür sind von dem Erlaubnisinhaber zu tragen.

(2) Werden bei der Überprüfung Mängel festgestellt, die eine Gefährdung der Benutzer der Schießstätte oder Dritter befürchten lassen, kann die zuständige Behörde die weitere Benutzung der Schießstätte bis zur Beseitigung der Mängel untersagen. Der weitere Betrieb oder die Benutzung der Schießstätte ist im Falle der Untersagung nach Satz 1 verboten.

(3) Die sicherheitstechnischen Anforderungen, die an Schießstätten zu stellen sind, ergeben sich aus den „Richtlinien für die Errichtung, die Abnahme und das Betreiben von Schießständen (Schießstandrichtlinien)". Das Bundesministerium des Innern erstellt die Schießstandrichtlinien nach Anhörung von Vertretern der Wissenschaft, der Betroffenen und der für das Waffenrecht zuständigen obersten Landesbehörden als dem Stand der Sicherheitstechnik entsprechende Regeln und veröffentlicht diese im Bundesanzeiger. Die Veröffentlichung ist auch im elektronischen Bundesanzeiger zulässig. (Bis zur Veröffentlichung nach Absatz 3 Satz 2 sind Stand der Technik die „Richtlinien für die Errichtung, die Abnahme und das Betreiben von Schießständen (Schießstandrichtlinien), Stand Januar 2000, herausgegeben vom Deutschen Schützenbund, Wiesbaden".)

(4) Anerkannte Schießstandsachverständige nach Absatz 1 sind

1. öffentlich bestellte und vereidigte Sachverständige für das Fachgebiet „Sicherheit von nichtmilitärischen Schießständen", die auf der Grundlage der in Absatz 3 genannten Schießstandrichtlinien in der jeweils geltenden Fassung von Lehrgangsträgern ausgebildet sind,

2. auf der Basis polizeilicher oder militärischer Regelungen als Schießstandsachverständige ausgebildete Personen, die auf der Grundlage der in Absatz 3 genannten Schießstandrichtlinien in der jeweils geltenden Fassung regelmäßig fortgebildet worden sind.

(5) Eine Bestellung darf erfolgen, wenn die fachlichen Bestellungsvoraussetzungen auf dem Sachgebiet „Sicherheit von nichtmilitärischen Schießstätten" (herausgegeben vom Institut für Sachverständigenwesen e.V., Köln) in einer Prüfung nachgewiesen worden sind. § 16 findet entsprechende Anwendung.

(6) Als anerkannte Schießstandsachverständige gelten auch diejenigen, die bis zum 31. März 2008 auf der Grundlage bisheriger Schießstandrichtlinien ausgebildet und regelmäßig fortgebildet worden sind. Die Anerkennung nach Satz 1 erlischt zum 1. Januar 2013, sofern keine öffentliche Bestellung für das Fachgebiet „Sicherheit von nichtmilitärischen Schießständen" erfolgt ist.

§ 13 Aufbewahrung von Waffen oder Munition

(1) In einem Sicherheitsbehältnis, das der Norm DIN/EN 1143-1 Widerstandsgrad 0 (Stand: Mai 1997) oder einer Norm mit gleichem Schutzniveau eines anderen Mitgliedstaates des Übereinkommens über den Europäischen Wirtschaftsraum (EWR-Mitgliedstaat) oder der Sicherheitsstufe B nach VDMA 24992 (Stand: Mai 1995) entspricht, dürfen nicht mehr als zehn Kurzwaffen (Anlage 1 Abschnitt 1 Unterabschnitt 1 Nr. 2.6, dritter Halbsatz zum Waffengesetz), zu deren Erwerb und Besitz es einer Erlaubnis bedarf, oder zehn nach Anlage 2 Abschnitt 1 Nr. 1.1

bis 1.2.3 zum Waffengesetz verbotene Waffen aufbewahrt werden; unterschreitet das Gewicht des Behältnisses 200 Kilogramm oder liegt die Verankerung gegen Abriß unter einem vergleichbaren Gewicht, so verringert sich die Höchstzahl der aufzubewahrenden Waffen auf fünf. Wird die in Satz 1 genannte Anzahl überschritten, so darf die Aufbewahrung nur in einem Sicherheitsbehältnis, das mindestens der Norm DIN/EN 1143-1 Widerstandsgrad I (Stand: Mai 1997) oder einer Norm mit gleichem Schutzniveau eines anderen EWR-Mitgliedstaates entspricht, oder in einer entsprechenden Mehrzahl von Sicherheitsbehältnissen nach Satz 1 erfolgen.

(2) Werden mehr als zehn Langwaffen (Anlage 1 Abschnitt 1 Unterabschnitt 1 Nr. 2.6, erster und zweiter Halbsatz zum Waffengesetz), zu deren Erwerb und Besitz es einer Erlaubnis bedarf, aufbewahrt, so darf die Aufbewahrung nur in einem Sicherheitsbehältnis, das mindestens einer der in Absatz 1 Satz 1 genannten Normen entspricht, oder in einer entsprechenden Mehrzahl von Sicherheitsbehältnissen nach § 36 Abs. 2 Satz 2 des Waffengesetzes erfolgen.

(3) Munition, deren Erwerb nicht von der Erlaubnispflicht freigestellt ist, darf nur in einem Stahlblechbehältnis ohne Klassifizierung mit Schwenkriegelschloß oder einer gleichwertigen Verschlußvorrichtung oder in einem gleichwertigen Behältnis aufbewahrt werden.

(4) Werden Langwaffen, zu deren Erwerb und Besitz es einer Erlaubnis bedarf, in einem Sicherheitsbehältnis, das der Sicherheitsstufe A nach VDMA 24992 (Stand: Mai 1995) entspricht, aufbewahrt, so ist es für die Aufbewahrung von bis zu fünf Kurzwaffen, zu deren Erwerb und Besitz es einer Erlaubnis bedarf, und der Munition für die Lang- und Kurzwaffen ausreichend, wenn sie in einem Innenfach erfolgt, das den Sicherheitsanforderungen nach Absatz 1 Satz 1 entspricht; in diesem Fall dürfen die Kurzwaffen und die Munition innerhalb des Innenfaches zusammen aufbewahrt werden. Im Falle der Aufbewahrung von Schußwaffen in einem Sicherheitsbehältnis der Sicherheitsstufe A oder B nach VDMA 24992 ist es für die Aufbewahrung der dazugehörigen Munition ausreichend, wenn sie in einem Innenfach aus Stahlblech ohne Klassifizierung mit Schwenkriegelschloß oder einer gleichwertigen Verschlußvorrichtung erfolgt; nicht zu den dort aufbewahrten Waffen gehörige Munition darf zusammen aufbewahrt werden.

(5) Die zuständige Behörde kann eine andere gleichwertige Aufbewahrung der Waffen zulassen. Insbesondere kann von Sicherheitsbehältnissen im Sinne des § 36 Abs. 1 und 2 des Waffengesetzes oder im Sinne der Absätze 1 bis 3 abgesehen werden, wenn die Waffen und die Munition in einem Waffenraum aufbewahrt werden, der dem Stand der Technik entspricht.

(6) In einem nicht dauernd bewohnten Gebäude dürfen nur bis zu drei Langwaffen, zu deren Erwerb und Besitz es einer Erlaubnis bedarf, aufbewahrt werden. Die Aufbewahrung darf nur in einem mindestens der Norm DIN/EN 1143-1 Widerstandsgrad I entsprechenden Sicherheitsbehältnis erfolgen. Die zuständige Behörde kann Abweichungen in Bezug auf die Art oder Anzahl der aufbewahrten Waffen oder das Sicherheitsbehältnis auf Antrag zulassen.

(7) Die zuständige Behörde kann auf Antrag bei einer Waffen- oder Munitionssammlung unter Berücksichtigung der Art und der Anzahl der Waffen oder der Munition und ihrer Gefährlichkeit für die öffentliche Sicherheit und Ordnung von den Vorgaben der Absätze 1 bis 6 insbesondere unter dem Gesichtspunkt der Sichtbarkeit zu Ausstellungszwecken abweichen und dabei geringere oder höhere Anforderungen an die Aufbewahrung stellen; bei Sammlungen von Waffen, deren Modell vor dem 1. Januar 1871 entwickelt worden ist, und bei Munitionssammlungen soll sie geringere Anforderungen stellen. Dem Antrag ist ein Aufbewahrungskonzept beizugeben.

(8) Die zuständige Behörde kann auf Antrag von Anforderungen an die Sicherheitsbehältnisse nach § 36 Abs. 1 und 2 des Waffengesetzes oder nach den Absätzen 1 bis 3 oder an einen Waffenraum nach Absatz 5 Satz 2 absehen, wenn ihre Einhaltung unter Berücksichtigung der Art

und der Anzahl der Waffen und der Munition und ihrer Gefährlichkeit für die öffentliche Sicherheit und Ordnung eine besondere Härte darstellen würde. In diesem Fall hat sie die niedrigeren Anforderungen festzusetzen.

(9) Bestehen begründete Zweifel, dass Normen anderer EWR-Mitgliedstaaten im Schutzniveau den in § 36 Abs. 1 und 2 des Waffengesetzes oder in den Absätzen 1 bis 4 genannten Normen gleichwertig sind, kann die Behörde vom Verpflichteten die Vorlage einer Stellungnahme insbesondere des Deutschen Instituts für Normung verlangen.

(10) Die gemeinschaftliche Aufbewahrung von Waffen oder Munition durch berechtigte Personen, die in einer häuslichen Gemeinschaft leben, ist zulässig.

(11) Bei der **vorübergehenden Aufbewahrung** von Waffen im Sinne des Absatzes 1 Satz 1 oder des Absatzes 2 oder von Munition **außerhalb der Wohnung**, insbesondere im Zusammenhang mit der Jagd oder dem sportlichen Schießen, hat der Verpflichtete die Waffen oder Munition unter angemessener Aufsicht aufzubewahren oder durch sonstige erforderliche Vorkehrungen gegen Abhandenkommen oder unbefugte Ansichnahme zu sichern, wenn die Aufbewahrung gemäß den Anforderungen der Absätze 1 bis 8 nicht möglich ist.

§ 14 Aufbewahrung von Waffen oder Munition in Schützenhäusern, auf Schießstätten oder im gewerblichen Bereich

Die zuständige Behörde kann auf Antrag eines Betreibers eines Schützenhauses, einer Schießstätte oder eines Waffengewerbes Abweichungen von den Anforderungen des § 13 Abs. 1 bis 5 und 6 Satz 1 und 2 zulassen, wenn ihr ein geeignetes Aufbewahrungskonzept vorgelegt wird. Sie hat bei ihrer Entscheidung neben der für die Aufbewahrung vorgesehenen Art und der Anzahl der Waffen oder der Munition und des Grades der von ihnen ausgehenden Gefahr für die öffentliche Sicherheit und Ordnung die Belegenheit und Frequentiertheit der Aufbewahrungsstätte besonders zu berücksichtigen.

§ 15 Umfang der Fachkunde

(1) Die in der Prüfung nach § 22 Abs. 1 Satz 1 des Waffengesetzes nachzuweisende Fachkunde umfaßt ausreichende Kenntnisse

1. der Vorschriften über den Handel mit Schußwaffen und Munition, den Erwerb und das Führen von Schußwaffen sowie der Grundzüge der sonstigen waffenrechtlichen und der beschußrechtlichen Vorschriften,

2. über Art, Konstruktion und Handhabung der gebräuchlichen Schußwaffen, wenn die Erlaubnis für den Handel mit Schußwaffen beantragt ist,

und

3. über die Behandlung der gebräuchlichen Munition und ihre Verwendung in der dazugehörigen Schußwaffe, wenn die Erlaubnis für den Handel mit Munition beantragt ist.

(2) Der Antragsteller hat in der Prüfung nach Absatz 1 Kenntnisse nachzuweisen über

1. Schußwaffen und Munition aller Art, wenn eine umfassende Waffenhandelserlaubnis beantragt ist,

2. die in der Anlage aufgeführten Waffen- oder Munitionsarten, für die Erlaubnis zum Handel beantragt ist.

§ 16 Prüfung

(1) Die zuständige Behörde bildet für die Abnahme der Prüfung staatliche Prüfungsausschüsse. Die Geschäftsführung kann auf die örtliche Industrie- und Handelskammer übertragen werden. Es können gemeinsame Prüfungsausschüsse für die Bezirke mehrerer Behörden gebildet werden.

(2) Der Prüfungsausschuß besteht aus dem Vorsitzenden und zwei Beisitzern. Die Mitglieder des Prüfungsausschusses müssen in dem Prüfungsgebiet sachkundig sein. Der Vorsitzende darf nicht im Waffenhandel tätig sein. Als Beisitzer sollen ein selbstständiger Waffenhändler und ein Angestellter im Waffenhandel oder, wenn ein solcher nicht zur Verfügung steht, ein Angestellter in der Waffenherstellung bestellt werden.

(3) Die Prüfung ist mündlich abzulegen.

(4) Für die Erteilung eines Zeugnisses, die Anfertigung einer Niederschrift und die Wiederholung der Prüfung gilt § 2 Abs. 3 Satz 2 und Abs. 4 und 5 entsprechend.

§ 17 Grundsätze der Buchführungspflicht

(1) Das Waffenherstellungs- und das Waffenhandelsbuch sind in gebundener Form oder in Karteiform oder mit Hilfe der elektronischen Datenverarbeitung im Betrieb oder in dem Betriebsteil, in dem die Schußwaffen hergestellt oder vertrieben werden, zu führen und, gegen Abhandenkommen, Datenverlust und unberechtigten Zugriff gesichert, aufzubewahren.

(2) Wird das Buch in gebundener Form geführt, so sind die Seiten laufend zu numerieren; die Zahl der Seiten ist auf dem Titelblatt anzugeben. Wird das Buch in Karteiform geführt, so sind die Karteiblätter der zuständigen Behörde zur Abstempelung der Blätter und zur Bestätigung ihrer Gesamtzahl vorzulegen.

(3) Alle Eintragungen in das Buch sind unverzüglich in dauerhafter Form und in deutscher Sprache vorzunehmen; § 239 Abs. 3 des Handelsgesetzbuches gilt entsprechend. Sofern eine Eintragung nicht gemacht werden kann, ist dies unter Angabe der Gründe zu vermerken.

(4) Die Bücher sind zum 31. Dezember jeden zweiten Jahres sowie beim Wechsel des Betriebsinhabers oder bei der Einstellung des Betriebs mit Datum und Unterschrift so abzuschließen, daß nachträglich Eintragungen nicht mehr vorgenommen werden können. Der beim Abschluß der Bücher verbliebene Bestand ist vorzutragen, bevor neue Eintragungen vorgenommen werden. Ein Buch, das nicht mehr verwendet wird, ist unter Angabe des Datums abzuschließen.

(5) Die Bücher mit den Belegen sind auf Verlangen der zuständigen Behörde auch in deren Diensträumen oder den Beauftragten der Behörde vorzulegen.

(6) Der zur Buchführung Verpflichtete hat das Buch mit den Belegen im Betrieb oder in dem Betriebsteil, in dem die Schußwaffen hergestellt oder vertrieben werden, bis zum Ablauf von zehn Jahren, von dem Tage der letzten Eintragung an gerechnet, aufzubewahren. Will er das Buch nach Ablauf der in Satz 1 genannten Frist nicht weiter aufbewahren, so hat er es der zuständigen Behörde zur Aufbewahrung zu übergeben. Gibt der zur Buchführung Verpflichtete das Gewerbe

auf, so hat er das Buch seinem Nachfolger zu übergeben oder der zuständigen Behörde zur Aufbewahrung auszuhändigen.

§ 18 Führung der Waffenbücher in gebundener Form

(1) Wird das Waffenherstellungsbuch in gebundener Form geführt, so ist es nach folgendem Muster zu führen:

Linke Seite:

1. Laufende Nummer der Eintragung

2. Datum der Fertigstellung

3. Herstellungsnummer

Rechte Seite:

4. Datum des Abgangs oder der Kenntnis des Verlustes

5. Name und Anschrift des Empfängers oder Art des Verlustes

6. Sofern die Schußwaffe nicht einem Erwerber nach § 21 Abs. 1 des Waffengesetzes überlassen wird, die Bezeichnung der Erwerbsberechtigung unter Angabe der ausstellenden Behörde und des Ausstellungsdatums

7. Sofern die Schußwaffe einem Erwerber nach § 34 Abs. 5 Satz 1 des Waffengesetzes überlassen oder an ihn versandt wird, Bezeichnung und Datum der Bestätigung der Anzeige.

Für jeden Waffentyp ist ein besonderes Blatt anzulegen, auf dem der Waffentyp und der Name, die Firma oder die Marke, die auf den Waffen angebracht sind, zu vermerken sind.

(2) Wird das Waffenhandelsbuch in gebundener Form geführt, so ist es nach folgendem Muster zu führen:

Linke Seite:

1. Laufende Nummer der Eintragung

2. Datum des Eingangs

3. Waffentyp

4. Name, Firma oder Marke, die auf der Waffe angebracht sind

5. Herstellungsnummer

6. Name und Anschrift des Überlassers

Rechte Seite:

7. Datum des Abgangs oder der Kenntnis des Verlustes

8. Name und Anschrift des Empfängers oder Art des Verlustes

9. Sofern die Schußwaffe nicht einem Erwerber nach § 21 Abs. 1 des Waffengesetzes überlassen wird, die Bezeichnung der Erwerbsberechtigung unter Angabe der ausstellenden Behörde und des Ausstellungsdatums

10. Sofern die Schußwaffe einem Erwerber nach § 34 Abs. 5 Satz 1 des Waffengesetzes überlassen oder an ihn versandt wird, Bezeichnung und Datum der Bestätigung der Anzeige durch das Bundeskriminalamt.

(3) Die Eintragungen nach den Absätzen 1 und 2 sind für jede Waffe gesondert vorzunehmen. Eine Waffe gilt im Sinne des Absatzes 1 Satz 1 Nr. 2 als fertiggestellt,

1. sobald sie nach § 3 des Beschußgesetzes geprüft worden ist,

2. wenn die Waffe nicht der amtlichen Beschußprüfung unterliegt, sobald sie zum Verkauf vorrätig gehalten wird.

(4) Von der Eintragung des Namens und der Anschrift des Überlassers nach Absatz 2 Nr. 6 kann abgesehen werden bei Schußwaffen, deren Modell vor dem 1. Januar 1871 entwickelt worden ist,

1. mit Zündnadelzündung,

2. mit Zündhütchenzündung (Perkussionswaffen), soweit es sich um einläufige Einzelladerwaffen handelt,

3. mit Lunten- oder Funkenzündung.

§ 19 Führung der Waffenbücher in Karteiform

(1) Wird das Waffenherstellungsbuch oder das Waffenhandelsbuch in Karteiform geführt, so können die Eintragungen für mehrere Waffen desselben Typs (Waffenposten) nach Absatz 2 oder 3 zusammengefaßt werden. Auf einer Karteikarte darf nur ein Waffenposten nach Absatz 2 Nr. 1 oder Absatz 3 Nr. 1 eingetragen werden. Neueingänge dürfen auf demselben Karteiblatt erst eingetragen werden, wenn der eingetragene Waffenposten vollständig abgebucht ist. Abgänge sind mit den Angaben nach Absatz 2 Nr. 2 oder Absatz 3 Nr. 2 gesondert einzutragen. Für jeden Waffentyp ist ein besonderes Blatt anzulegen, auf dem der Waffentyp und der Name, die Firma oder die Marke, die auf der Waffe angebracht sind, zu vermerken sind.

(2) Das Waffenherstellungsbuch ist nach folgendem Muster zu führen:

1. bei der Eintragung der Fertigstellung:

a) Datum der Fertigstellung

b) Stückzahl

c) Herstellungsnummern

2. bei der Eintragung von Abgängen:

a) laufende Nummer der Eintragung

b) Datum des Abgangs oder der Kenntnis des Verlustes

c) Stückzahl

d) Herstellungsnummern

e) Name und Anschrift des Empfängers oder Art des Verlustes

f) sofern die Schußwaffe nicht einem Erwerber nach § 21 Abs. 1 des Waffengesetzes überlassen wird, die Bezeichnung der Erwerbsberechtigung unter Angabe der ausstellenden Behörde und des Ausstellungsdatums

g) sofern die Schußwaffe einem Erwerber nach § 34 Abs. 5 Satz 1 des Waffengesetzes überlassen oder an ihn versandt wird, Bezeichnung und Datum der Bestätigung der Anzeige durch das Bundeskriminalamt.

(3) Das Waffenhandelsbuch ist nach folgendem Muster zu führen:

1. bei der Eintragung des **Eingangs**:

a) Datum des Eingangs

b) Stückzahl

c) Herstellungsnummern

d) Name und Anschrift des Überlassers

2. bei der Eintragung von **Abgängen**:

a) laufende Nummer der Eintragung

b) Datum des Abgangs oder der Kenntnis des Verlustes

c) Stückzahl

d) Herstellungsnummern

e) Name und Anschrift des Empfängers oder Art des Verlustes

f) sofern die Schußwaffe nicht einem Erwerber nach § 21 Abs. 1 des Waffengesetzes überlassen wird, die Bezeichnung der Erwerbsberechtigung unter Angabe der ausstellenden Behörde und des Ausstellungsdatums

g) sofern die Schußwaffe einem Erwerber nach § 34 Abs. 5 Satz 1 des Waffengesetzes überlassen oder an ihn versandt wird, Bezeichnung und Datum der Bestätigung der Anzeige durch das Bundeskriminalamt.

(4) Von der Eintragung des Namens und der Anschrift des Überlassers nach Absatz 3 Nr. 1 Buchstabe d kann abgesehen werden bei Schußwaffen, deren Modell vor dem 1. Januar 1871 entwickelt worden ist,

1. mit Zündnadelzündung,

2. mit Zündhütchenzündung (Perkussionswaffen), soweit es sich um **einläufige Einzelladerwaffen** handelt,

3. mit Lunten- oder Funkenzündung.

(5) § 17 Abs. 3, 5 und 6 ist auf die Eintragungen in den Karteiblättern sowie auf die Vorlage und Aufbewahrung der Karteiblätter und der Belege entsprechend anzuwenden.

§ 20 Führung der Waffenbücher in elektronischer Form

(1) Wird das Waffenherstellungs- oder das Waffenhandelsbuch in elektronischer Form geführt, so müssen die gespeicherten Datensätze (aufzeichnungspflichtigen Vorgänge) die nach § 19 geforderten Angaben enthalten. Die Datensätze sind unverzüglich zu speichern; sie sind fortlaufend zu numerieren. Die Bestimmungen des Bundesdatenschutzgesetzes sind zu beachten.

(2) Die gespeicherten Datensätze sind nach Ablauf eines jeden Monats in Klarschrift auszudrucken. Der Ausdruck ist nach Maßgabe des § 19 in Karteiform vorzunehmen. Der Name des Überlassers, des Erwerbers und die Erwerbsberechtigung können auch in verschlüsselter Form ausgedruckt werden. In diesem Fall ist dem Ausdruck ein Verzeichnis beizugeben, das eine unmittelbare Entschlüsselung der bezeichneten Daten ermöglicht. Die Bestände sind auf den nächsten Monat vorzutragen.

(3) § 17 Abs. 3, 5 und 6 ist auf die Eintragungen in den Karteiblättern sowie auf die Vorlage und Aufbewahrung der Karteiblätter und der Belege entsprechend anzuwenden. Der Ausdruck der nach dem letzten Monatsabschluß gespeicherten Datensätze ist auf Verlangen der zuständigen Behörde auch in deren Diensträumen oder den Beauftragten der Behörde auch während des laufenden Monats jederzeit vorzulegen.

(4) Die zuständige Behörde kann Ausnahmen von Absatz 2 Satz 1 und 5 zulassen, wenn der Gesamtbestand an Waffen zu Beginn eines jeden Jahres und die Zu- und Abgänge monatlich in Klarschrift ausgedruckt werden und sichergestellt ist, daß die während des Jahres gespeicherten Daten auf Verlangen der zuständigen Behörde jederzeit in Klarschrift ausgedruckt werden können.

§ 21 Kennzeichnung von Schußwaffen

(1) Wird die Kennzeichnung nach § 24 Abs. 1 Satz 1 Nr. 1 des Waffengesetzes auf mehreren wesentlichen Teilen angebracht, so müssen die Angaben auf denselben Hersteller oder Händler hinweisen.

(2) Bei **Schußwaffen mit glatten Läufen** sind **auf jedem glatten Lauf** der Laufdurchmesser, der 23 Zentimeter +- 1 Zentimeter vom Stoßboden gemessen wird, und die Lagerlänge anzubringen. Schußwaffen, bei denen der Lauf oder die Trommel ohne Anwendung von Hilfsmitteln ausgetauscht werden kann, sind auf dem Verschluß nach § 24 Abs. 1 Satz 1 Nr. 1 und 3 des Waffengesetzes zu kennzeichnen. Auf dem Lauf und der Trommel sind Angaben über den Hersteller und die Bezeichnung der Munition (§ 24 Abs. 1 Satz 1 Nr. 1 und 2 des Waffengesetzes) anzubringen.

(3) Wer eine Schußwaffe gewerbsmäßig verändert oder wesentliche Teile einer Schußwaffe nach Anlage 1 Abschnitt 1 Unterabschnitt 1 Nr. 1.3 zum Waffengesetz gewerbsmäßig austauscht und dabei die Angaben über den Hersteller (§ 24 Abs. 1 Satz 1 Nr. 1 des Waffengesetzes) entfernt, hat seinen Namen, seine Firma oder seine Marke auf der Schußwaffe anzubringen. Auf der Schußwaffe und den ausgetauschten Teilen darf keine Kennzeichnung angebracht sein, die auf verschiedene Hersteller oder Händler hinweist.

(4) Wer gewerbsmäßig Schußwaffen

1. so verkürzt, daß die Länge nicht mehr als 60 Zentimeter beträgt,

2. in ihrer Schußfolge verändert,

3. mit einer Bewegungsenergie der Geschosse von nicht mehr als 7,5 Joule in Schußwaffen mit einer höheren Bewegungsenergie der Geschosse umarbeitet,

4. mit einer Bewegungsenergie der Geschosse von mehr als 7,5 Joule in Schußwaffen mit einer geringeren Bewegungsenergie der Geschosse umarbeitet,

5. mit einer Bewegungsenergie der Geschosse von weniger als 0,08 Joule in Schußwaffen mit einer höheren Bewegungsenergie der Geschosse umarbeitet oder

6. in Waffen nach Anlage 2 Abschnitt 2 Unterabschnitt 2 Nr. 1.5 zum Waffengesetz oder in Gegenstände nach Anlage 1 Abschnitt 1 Unterabschnitt 1 Nr. 1.4 zum Waffengesetz abändert,

hat seinen Namen, seine Firma oder seine Marke auch dann auf der Schußwaffe dauerhaft anzubringen, wenn er die Angaben über den Hersteller (§ 24 Abs. 1 Satz 1 Nr. 1 des Waffengesetzes) nicht entfernt. Haben die Veränderungen nach Satz 1 Nr. 1 bis 3 oder 5 zur Folge, daß die Bewegungsenergie der Geschosse 7,5 Joule überschreitet, so ist auf der Schußwaffe auch die Herstellungsnummer (§ 24 Abs. 1 Satz 1 Nr. 3 des Waffengesetzes) anzubringen und das Kennzeichen nach § 24 Abs. 2 des Waffengesetzes zu entfernen. Neben der auf Grund der Änderung angebrachten Kennzeichnung ist dauerhaft der Buchstabe "U" anzubringen.

§ 22 Lehrgänge und Schießübungen

(1) In Lehrgängen zur Ausbildung in der Verteidigung mit Schußwaffen oder bei Schießübungen dieser Art sind unter Beachtung des Verbots des kampfmäßigen Schießens (§ 27 Abs. 7 Satz 1 des Waffengesetzes) Schießübungen und insbesondere die Verwendung solcher Hindernisse und Übungseinbauten nicht zulässig, die der Übung über den Zweck der Verteidigung der eigenen Person oder Dritter hinaus einen polizeieinsatzmäßigen oder militärischen Charakter verleihen. Die Verwendung von Zielen oder Scheiben, die Menschen darstellen oder symbolisieren, ist gestattet. Die Veranstaltung der in Satz 1 genannten Schießübungen und die Teilnahme als Schütze an diesen Schießübungen sind verboten.

(2) Wer Lehrgänge zur Ausbildung in der Verteidigung mit Schußwaffen oder Schießübungen dieser Art veranstalten will, hat die beabsichtigte Tätigkeit und den Ort, an dem die Veranstaltung stattfinden soll, zwei Wochen vorher der zuständigen Behörde schriftlich anzuzeigen. Auf Verlangen der zuständigen Behörde ist ein Lehrgangsplan oder Übungsprogramm vorzulegen, aus dem die zu vermittelnden Kenntnisse und die Art der beabsichtigten Schießübungen erkennbar sind. Die Beendigung der Lehrgänge oder Schießübungen ist der zuständigen Behörde innerhalb von zwei Wochen ebenfalls anzuzeigen. Der Betreiber der Schießstätte darf die Durchführung von Veranstaltungen der genannten Art nur zulassen, wenn der Veranstalter ihm gegenüber schriftlich erklärt hat, daß die nach Satz 1 erforderliche Anzeige erfolgt ist.

(3) In der Anzeige über die Aufnahme der Lehrgänge oder Schießübungen hat der Veranstalter die Personalien der volljährigen verantwortlichen Aufsichtsperson und der Ausbilder anzugeben. § 10 Abs. 2 Satz 2 ist entsprechend anzuwenden. Die spätere Einstellung oder das Ausscheiden der genannten Personen hat der Veranstalter der zuständigen Behörde unverzüglich anzuzeigen.

(4) Auf die Verpflichtung des Veranstalters zur Bestellung einer verantwortlichen Aufsichtsperson und von Ausbildern ist § 10 Abs. 1 entsprechend anzuwenden.

§ 23 Zulassung zum Lehrgang

(1) Zur Teilnahme an den Lehrgängen oder Schießübungen im Sinne des § 22 dürfen nur Personen zugelassen werden,

1. die auf Grund eines Waffenscheins oder einer Bescheinigung nach § 55 Abs. 2 des Waffengesetzes zum Führen einer Schußwaffe berechtigt sind

oder

2. denen ein in § 55 Abs. 1 des Waffengesetzes bezeichneter Dienstherr die dienstlichen Gründe zum Führen einer Schußwaffe bescheinigt hat oder denen von der zuständigen Behörde eine Bescheinigung nach Absatz 2 erteilt worden ist.

Die verantwortliche Aufsichtsperson hat sich vor der Aufnahme des Schießbetriebs vom Vorliegen der in Satz 1 genannten Erfordernisse zu überzeugen.

(2) Die zuständige Behörde kann Inhabern einer für Kurzwaffen ausgestellten Waffenbesitzkarte und Inhabern eines Jagdscheins, die im Sinne des § 19 des Waffengesetzes persönlich gefährdet sind, die Teilnahme an Lehrgängen oder Schießübungen der in § 22 genannten Art gestatten.

§ 24 Verzeichnisse

(1) Der Veranstalter hat ein Verzeichnis der verantwortlichen Aufsichtspersonen, der Ausbilder und der Teilnehmer gemäß Absatz 2 zu führen.

(2) Aus dem Verzeichnis müssen folgende Angaben über die in Absatz 1 genannten Personen hervorgehen:

1. Vor- und Familiennamen, Geburtsdatum und -ort, Wohnort und Anschrift;

2. Nummer, Ausstellungsdatum und ausstellende Behörde des Waffenscheins, der Bescheinigung nach § 55 Abs. 2 des Waffengesetzes oder der Bescheinigung des Dienstherrn nach § 23 Abs. 1 Satz 1 Nr. 2 oder der Ausnahmeerlaubnis nach § 23 Abs. 2;

3. in welchem Zeitraum (Monat und Jahr) sie als Aufsichtsperson oder als Ausbilder tätig waren oder an einer Veranstaltung teilgenommen haben.

(3) Das Verzeichnis ist vom Veranstalter auf Verlangen der zuständigen Behörde auch in deren Diensträumen oder den Beauftragten der Behörde vorzulegen.

(4) Der Veranstalter hat das Verzeichnis bis zum Ablauf von fünf Jahren, vom Tage der letzten Eintragung an gerechnet, sicher aufzubewahren. Gibt der Veranstalter die Durchführung des Verteidigungsschießens auf, so hat er das Verzeichnis seinem Nachfolger zu übergeben oder der zuständigen Behörde zur Aufbewahrung auszuhändigen.

§ 25 Untersagung von Lehrgängen oder Lehrgangsteilen; Abberufung von Aufsichtspersonen oder Ausbildern

(1) Die zuständige Behörde kann Veranstaltungen im Sinne des § 22 untersagen, wenn Tatsachen die Annahme rechtfertigen, daß der Veranstalter, die verantwortliche Aufsichtsperson oder ein Ausbilder die erforderliche Zuverlässigkeit, persönliche Eignung oder Sachkunde nicht oder nicht mehr besitzt. Ergeben sich bei einer verantwortlichen Aufsichtsperson oder einem

Ausbilder Anhaltspunkte für die begründete Annahme des Vorliegens von Tatsachen nach Satz 1, so hat die zuständige Behörde vom Veranstalter die Abberufung dieser Person zu verlangen.

(2) Der Veranstalter hat auf Verlangen der zuständigen Behörde die Durchführung einzelner Lehrgänge oder Schießübungen einstweilen einzustellen. Die Behörde kann die einstweilige Einstellung verlangen, solange der Veranstalter

1. eine verantwortliche Aufsichtsperson oder die unter Berücksichtigung der Erfordernisse eines sicheren Schießbetriebs erforderliche Anzahl von Ausbildern nicht bestellt hat oder

2. dem Verlangen der Behörde, eine verantwortliche Aufsichtsperson oder einen Ausbilder wegen fehlender Zuverlässigkeit, persönlicher Eignung oder Sachkunde von seiner Tätigkeit abzuberufen, nicht nachkommt.

§ 26 Allgemeine Bestimmungen

(1) Auf Staatsangehörige eines Mitgliedstaates der Europäischen Union (Mitgliedstaat) ist § 21 Abs. 4 Nr. 1 des Waffengesetzes nicht anzuwenden.

(2) Auf Staatsangehörige eines Mitgliedstaates, die in einem anderen Mitgliedstaat ihren gewöhnlichen Aufenthalt haben, ist § 21 Abs. 4 Nr. 2 des Waffengesetzes nicht anzuwenden, soweit die Erlaubnis darauf beschränkt wird,

1. Bestellungen auf Waffen oder Munition bei Inhabern einer Waffenherstellungs- oder Waffenhandelserlaubnis aufzusuchen und diesen den Erwerb, den Vertrieb oder das Überlassen solcher Gegenstände zu vermitteln und

2. den Besitz nur über solche Waffen oder Munition auszuüben, die als Muster, als Proben oder als Teile einer Sammlung mitgeführt werden.

(3) Absatz 2 ist entsprechend anzuwenden auf Gesellschaften, die nach den Rechtsvorschriften eines Mitgliedstaates gegründet sind und ihren satzungsmäßigen Sitz, ihre Hauptverwaltung oder ihre Hauptniederlassung innerhalb der Europäischen Union haben. Soweit diese Gesellschaften nur ihren satzungsmäßigen Sitz, jedoch weder ihre Hauptverwaltung noch ihre Hauptniederlassung innerhalb der Europäischen Union haben, gilt Satz 1 nur, wenn ihre Tätigkeit in tatsächlicher und dauerhafter Verbindung mit der Wirtschaft eines Mitgliedstaates steht.

(4) Die Vorschriften der Absätze 1 bis 3 zugunsten von Staatsangehörigen eines Mitgliedstaates sind nicht anzuwenden, soweit dies zur Beseitigung einer Störung der öffentlichen Sicherheit oder Ordnung oder zur Abwehr einer bevorstehenden Gefahr für die öffentliche Sicherheit oder Ordnung im Einzelfall erforderlich ist.

(5) Auf Staatsangehörige eines Mitgliedstaates ist § 4 Abs. 2 des Waffengesetzes nicht anzuwenden, soweit sie im Geltungsbereich des Waffengesetzes ihren gewöhnlichen Aufenthalt haben und eine selbstständige oder unselbstständige Tätigkeit ausüben, die den Erwerb, den Besitz oder das Führen einer Waffe oder von Munition erfordert.

§ 27 Besondere Bestimmungen zur Fachkunde

(1) Der Nachweis der Fachkunde für den Waffenhandel im Sinne des § 22 des Waffengesetzes ist für einen Staatsangehörigen eines Mitgliedstaates als erbracht anzusehen, wenn er in einem anderen Mitgliedstaat im Handel mit Waffen und Munition wie folgt tätig war:

1. drei Jahre ununterbrochen als Selbstständiger oder in leitender Stellung,

2. zwei Jahre ununterbrochen als Selbstständiger oder in leitender Stellung, wenn er für die betreffende Tätigkeit eine vorherige Ausbildung nachweisen kann, die durch ein staatlich anerkanntes Zeugnis bestätigt oder von einer zuständigen Berufsinstitution als vollwertig anerkannt ist,

3. zwei Jahre ununterbrochen als Selbstständiger oder in leitender Stellung sowie außerdem drei Jahre als Unselbstständiger

oder

4. drei Jahre ununterbrochen als Unselbstständiger, wenn er für den betreffenden Beruf eine vorherige Ausbildung nachweisen kann, die durch ein staatlich anerkanntes Zeugnis bestätigt oder von einer zuständigen Berufsinstitution als vollwertig anerkannt ist.

(2) In den in Absatz 1 Nr. 1 und 3 genannten Fällen darf die Tätigkeit als Selbstständiger oder in leitender Stellung höchstens zehn Jahre vor dem Zeitpunkt der Antragstellung beendet worden sein.

(3) Als ausreichender Nachweis ist auch anzusehen, wenn der Antragsteller die dreijährige Tätigkeit nach Absatz 1 Nr. 1 nicht ununterbrochen ausgeübt hat, die Ausübung jedoch nicht mehr als zwei Jahre vor dem Zeitpunkt der Antragstellung beendet worden ist.

(4) Eine Tätigkeit in leitender Stellung im Sinne des Absatzes 1 übt aus, wer in einem industriellen oder kaufmännischen Betrieb des entsprechenden Berufszweigs tätig war

1. als Leiter des Unternehmens oder einer Zweigniederlassung,

2. als Stellvertreter des Unternehmers oder des Leiters des Unternehmens, wenn mit dieser Stellung eine Verantwortung verbunden ist, die der des vertretenen Unternehmers oder Leiters entspricht,

oder

3. in leitender Stellung mit kaufmännischen Aufgaben und mit der Verantwortung für mindestens eine Abteilung des Unternehmens.

(5) Der Nachweis, daß die Voraussetzungen der Absätze 1 bis 4 erfüllt sind, ist vom Antragsteller durch eine Bescheinigung der zuständigen Stelle des Herkunftslandes zu erbringen.

§ 28 Erlaubnisse für den Erwerb von Waffen und Munition in einem anderen Mitgliedstaat

Eine Erlaubnis nach § 11 Abs. 2 des Waffengesetzes wird als Zustimmung durch einen Erlaubnisschein der zuständigen Behörde erteilt. Für die Erteilung hat der Antragsteller folgende Angaben zu machen:

1. über seine Person:

Vor- und Familienname, Geburtsdatum und -ort, Anschriften sowie Nummer, Ausstellungsdatum und ausstellende Behörde des Passes oder des Personalausweises;

2. über die Waffe:

bei **Schußwaffen** Anzahl, Art, Kaliber und Kategorie nach Anlage 1 Abschnitt 3 zum Waffengesetz und gegebenenfalls CIP-Beschußzeichen;

bei **sonstigen Waffen** Anzahl und Art der Waffen;

3. über die Munition:

Anzahl, Art, Kaliber und gegebenenfalls CIP-Prüfzeichen.

§ 29 Erlaubnisse zum Verbringen von Waffen und Munition

(1) Eine Erlaubnis oder Zustimmung nach den §§ 29 bis 31 des Waffengesetzes wird durch einen Erlaubnisschein der zuständigen Behörde erteilt.

(2) Für die Erteilung einer Zustimmung nach § 29 Abs. 2 und § 30 Abs. 1 Satz 2 des Waffengesetzes hat der Antragsteller folgende Angaben zu machen:

1. über die **Person** des Überlassers und des Erwerbers oder desjenigen, der die Waffen oder Munition ohne Besitzwechsel in einen anderen Mitgliedstaat verbringt:

Vor- und Familienname, Geburtsdatum und -ort, Wohnort und Anschrift, bei Firmen auch Telefon- oder Telefaxnummer, sowie Nummer, Ausstellungsdatum und ausstellende Behörde des Passes oder des Personalausweises und die Angabe, ob es sich um einen Waffenhändler oder um eine Privatperson handelt;

2. über die **Waffen**:

bei **Schußwaffen** Anzahl und Art der Waffen, Kategorie nach der Anlage 1 Abschnitt 3 zum Waffengesetz, Firma oder eingetragenes Markenzeichen des Herstellers, Modellbezeichnung, Kaliber, Herstellungsnummer und gegebenenfalls CIP-Beschußzeichen;

bei **sonstigen Waffen** Anzahl und Art der Waffen;

3. über die **Munition**:

Anzahl und Art der Munition, Kategorie nach der Richtlinie 93/15/EWG des Rates vom 5. April 1993 zur Harmonisierung der Bestimmungen über das Inverkehrbringen und die Kontrolle von Explosivstoffen für zivile Zwecke (ABl. EG Nr. L 121 S. 20), Firma oder eingetragenes Markenzeichen des Herstellers, Kaliber und gegebenenfalls CIP-Munitionsprüfzeichen;

4. über die Lieferanschrift:

genaue Angabe des Ortes, an den die Waffen oder die Munition versandt oder transportiert werden.

Die Angaben nach Satz 1 sind auch für die Erteilung einer Erlaubnis zum Verbringen aus einem Drittstaat nach § 29 Abs. 1 oder § 30 Abs. 1 Satz 1 des Waffengesetzes erforderlich; in diesen Fällen muß der Erlaubnisschein alle in Satz 1 genannten Angaben enthalten.

(3) Wird gewerbsmäßigen Waffenherstellern oder -händlern (§ 21 des Waffengesetzes) die Zustimmung nach § 29 Abs. 2 des Waffengesetzes allgemein zum Verbringen von Waffen und Munition von einem gewerbsmäßigen Waffenhersteller oder -händler, der Inhaber einer allgemeinen Erlaubnis des anderen Mitgliedstaats zum Verbringen von Waffen und Munition nach

Artikel 11 Abs. 3 der Richtlinie 91/477/EWG des Rates vom 18. Juni 1991 über die Kontrolle des Erwerbs und des Besitzes von Waffen (ABl. EG Nr. L 256 S. 51) ist, befristet erteilt, so kann bei Schußwaffen auf die Angaben des Kalibers und der Herstellungsnummer verzichtet werden. Auf die in Satz 1 genannten Angaben kann auch bei der Erteilung einer Erlaubnis zum Verbringen aus einem Drittstaat zwischen gewerbsmäßigen Waffenherstellern oder -händlern nach § 29 Abs. 1 oder § 30 Abs. 1 des Waffengesetzes verzichtet werden, wenn besondere Gründe hierfür glaubhaft gemacht werden. Im Falle des Satzes 2 müssen die genannten Angaben den nach § 33 Abs. 3 des Waffengesetzes zuständigen Überwachungsbehörden bei dem Verbringen mitgeteilt werden.

(4) Für die Erteilung einer Erlaubnis nach § 31 Abs. 1 des Waffengesetzes hat der Antragsteller neben den in Absatz 2 Satz 1 genannten Angaben über die Versendung der Waffen oder der Munition das Beförderungsmittel, den Tag der Absendung und den voraussichtlichen Ankunftstag mitzuteilen.

(5) Für die Erteilung einer Erlaubnis nach § 31 Abs. 2 des Waffengesetzes hat der Antragsteller Angaben über Name und Anschrift der Firma, Telefon- oder Telefaxnummer, Vor- und Familienname, Geburtsort und -datum des Inhabers der Erlaubnis nach § 21 Abs. 1 des Waffengesetzes, Empfängermitgliedstaat und Art der Waffen und Munition zu machen. Bei dem Transport der Schußwaffen oder der Munition innerhalb der Europäischen Union zu einem Waffenhändler in einem anderen Mitgliedstaat durch einen oder im Auftrag eines Inhabers der Erlaubnis nach § 31 Abs. 2 des Waffengesetzes kann an Stelle des Erlaubnisscheins nach Absatz 1 eine Erklärung mitgeführt werden, die auf diesen Erlaubnisschein verweist. Die Erklärung muß auf dem hierfür vorgesehenen amtlichen Vordruck erfolgen und folgende Angaben enthalten:

1. die Bezeichnung des Versender- und des Empfängermitgliedstaates, der Durchgangsländer, der Beförderungsart und des Beförderers;

2. über den Versender, den Erklärungspflichtigen und den Empfänger:

Name und Anschrift der Firma, Telefon- oder Telefaxnummer;

3. über die **Erlaubnis nach § 31 Abs. 2** des Waffengesetzes:

Ausstellungsdatum und -nummer, ausstellende Behörde und Geltungsdauer;

4. über die vorherige **Zustimmung** des anderen Mitgliedstaates oder die **Freistellung** von der vorherigen Zustimmung:

Ausstellungsdatum und ausstellende Behörde, Angabe der Waffen; ein Doppel der vorherigen Zustimmung oder der Freistellung ist der Erklärung beizufügen;

5. über die **Waffen**:

bei **Schußwaffen** Anzahl und Art der Waffen, Kategorie nach der Anlage 1 Abschnitt 3 des Waffengesetzes, Firma oder eingetragenes Markenzeichen des Herstellers, Modellbezeichnung, Kaliber, Herstellungsnummer und gegebenenfalls CIP-Beschußzeichen;

bei **sonstigen Waffen** Anzahl und Art der Waffen;

6. über die **Munition**:

Anzahl und Art der Munition, Kategorie nach der Richtlinie 93/15/EWG des Rates vom 5. April 1993 zur Harmonisierung der Bestimmungen über das Inverkehrbringen und die Kontrolle von

Explosivstoffen für zivile Zwecke (ABl. EG Nr. L 121 S. 20), Firma oder eingetragenes Markenzeichen des Herstellers, Kaliber und gegebenenfalls CIP-Munitionsprüfzeichen;

7. über die Lieferanschrift:

genaue Angabe des Ortes, an den die Waffen oder die Munition versandt oder transportiert werden.

§ 30 Erlaubnisse für die Mitnahme von Waffen und Munition nach oder durch Deutschland

(1) Eine Erlaubnis nach § 32 Abs. 1 Satz 1 des Waffengesetzes wird durch einen Erlaubnisschein der zuständigen Behörde erteilt. Für die Erteilung der Erlaubnis nach Satz 1 hat der Antragsteller folgende Angaben zu machen:

1. über seine **Person**:

Vor- und Familienname, Geburtsdatum und -ort, Wohnort und Anschrift, bei Firmen auch Telefon- oder Telefaxnummer, sowie Nummer, Ausstellungsdatum und ausstellende Behörde des Passes oder des Personalausweises;

2. über die **Waffen**:

bei **Schußwaffen** Anzahl und Art der Waffen, Kategorie nach der Anlage 1 Abschnitt 3 zum Waffengesetz, Firma oder eingetragenes Markenzeichen des Herstellers, Modellbezeichnung, Kaliber, Herstellungsnummer und gegebenenfalls CIP-Beschußzeichen;

bei **sonstigen Waffen** Anzahl und Art der Waffen;

3. über die **Munition**:

Anzahl und Art der Munition, Kategorie nach der Richtlinie 93/15/EWG des Rates vom 5. April 1993 zur Harmonisierung der Bestimmungen über das Inverkehrbringen und die Kontrolle von Explosivstoffen für zivile Zwecke (ABl. EG Nr. L 121 S. 20), Firma oder eingetragenes Markenzeichen des Herstellers, Kaliber und gegebenenfalls CIP-Munitionsprüfzeichen;

4. über den **Grund** der Mitnahme:

genaue Angabe des Ortes, zu dem die Waffen oder die Munition mitgenommen werden sollen, und der Zweck der Mitnahme.

Der **Erlaubnisschein** für die Mitnahme von Waffen oder Munition aus einem **Drittstaat** muß **alle in Satz 2 genannten Angaben** enthalten.

(2) Bei der Erteilung einer Erlaubnis nach § 32 Abs. 1 Satz 1 des Waffengesetzes kann die Sachkunde auch als nachgewiesen angesehen werden, wenn eine ausreichende Kenntnis der geforderten Inhalte durch einen Beleg des Staates, in dem die Person ihren gewöhnlichen Aufenthalt hat, glaubhaft gemacht wird.

(3) Bei der Erteilung einer Erlaubnis nach § 32 Abs. 4 des Waffengesetzes kann die zuständige Behörde auf einzelne der in Absatz 1 Satz 2 Nr. 2 und 3 aufgeführten Angaben verzichten, wenn diese nicht rechtzeitig gemacht werden können. Die Angaben sind der zuständigen Behörde unverzüglich nachzureichen und bei der Einreise den nach § 33 Abs. 3 des Waffengesetzes zuständigen Überwachungsbehörden mitzuteilen.

(4) Die zuständige Behörde kann in besonderen Fällen gestatten, daß Antragstellungen für die Erteilung einer Erlaubnis nach § 32 Abs. 4 des Waffengesetzes durch mehrere Personen gemeinsam auf dem hierfür vorgesehenen amtlichen Vordruck erfolgen. Im Falle des Satzes 1 sind für die Antragsteller jeweils die Angaben nach Absatz 1 Satz 2 Nr. 1 und 4 vollständig zu machen, die Angaben nach Absatz 1 Satz 2 Nr. 2 und 3, soweit die Behörde hierauf nicht verzichtet hat.

§ 31 Anzeigen

(1) Eine Anzeige nach § 31 Abs. 2 Satz 3 des Waffengesetzes an das Bundeskriminalamt ist mit dem hierfür vorgesehenen amtlichen Vordruck in zweifacher Ausfertigung zu erstatten. Die Anzeige muß die in § 29 Abs. 5 Satz 3 genannten Angaben enthalten. Das Bundeskriminalamt bestätigt dem Anzeigenden den Eingang auf dem Doppel der Anzeige.

(2) Eine Anzeige nach § 34 Abs. 4, erster Halbsatz des Waffengesetzes an das Bundeskriminalamt ist mit dem hierfür vorgesehenen amtlichen Vordruck zu erstatten und muß folgende Angaben enthalten:

1. über die **Person** des **Überlassers**:

Vor- und Familiennamen oder Firma, Wohnort oder Firmenanschrift, bei Firmen auch Telefon- oder Telefaxnummer, Datum der Überlassung;

2. über die **Person** des **Erwerbers**:

Vor- und Familiennamen, Geburtsdatum und -ort, Anschriften in Mitgliedstaaten sowie Nummer, Ausstellungsdatum und ausstellende Behörde des Passes oder des Personalausweises;

3. über die **Waffen** oder die **Munition**:

die Angaben nach § 29 Abs. 2 Satz 1 Nr. 2 und 3.

(3) Eine Anzeige nach § 34 Abs. 5 Satz 1 des Waffengesetzes an das Bundeskriminalamt ist mit dem hierfür vorgesehenen amtlichen Vordruck in zweifacher Ausfertigung zu erstatten und muß folgende Angaben enthalten:

1. über die Person des Erwerbers oder denjenigen, der eine Schußwaffe zum dortigen Verbleib in einen anderen Mitgliedstaat verbringt:

Vor- und Familiennamen, Geburtsdatum und -ort, Wohnort und Anschrift, Beruf sowie Nummer, Ausstellungsdatum und ausstellende Behörde des Passes oder des Personalausweises, ferner Nummer, Ausstellungsdatum und ausstellende Behörde der Waffenerwerbsberechtigung;

2. über die **Schußwaffe**:

Art der Waffe, Name, Firma oder eingetragene Marke des Herstellers, Modellbezeichnung, Kaliber und Herstellungsnummer;

3. über den **Versender**:

Name und Anschrift des auf dem Versandstück angegebenen Versenders.

Beim Erwerb durch gewerbliche Unternehmen sind die Angaben nach Satz 1 Nr. 1 über den Inhaber des Unternehmens, bei juristischen Personen über eine zur Vertretung des Unternehmens befugte Person mitzuteilen und deren Paß oder Personalausweis vorzulegen. Bei laufenden Geschäftsbeziehungen entfällt die wiederholte Vorlage des Passes oder des Personalausweises, es sei denn, daß der Inhaber des Unternehmens gewechselt hat oder bei juristischen Personen zur Vertretung des Unternehmens eine andere Person bestellt worden ist. Wird die Schußwaffe oder die Munition einer Person überlassen, die sie außerhalb des Geltungsbereichs des Waffengesetzes, insbesondere im Versandwege erwerben will, so ist die Angabe der Erwerbsberechtigung nach Satz 1 Nr. 1 nicht erforderlich, ferner genügt an Stelle des Passes oder des Personalausweises eine amtliche Beglaubigung dieser Urkunden. Das Bundeskriminalamt bestätigt dem Anzeigenden den Eingang auf dem Doppel der Anzeige.

§ 32 Mitteilungen der Behörden

(1) Die zuständige Behörde übermittelt dem Bundeskriminalamt die Angaben nach § 29 Abs. 4 durch ein Doppel des Erlaubnisscheins.

(2) Das Bundeskriminalamt

1. übermittelt dem anderen Mitgliedstaat die Angaben nach § 31 Abs. 1 Satz 2 und Abs. 2 und die nach Absatz 1 erhaltenen Angaben;

2. übermittelt die von anderen Mitgliedstaaten in den Fällen des § 29 Abs. 1 und des § 30 Abs. 1 des Waffengesetzes erhaltenen Angaben sowie die von anderen Mitgliedstaaten erhaltenen Angaben über das Überlassen von Waffen nach Anlage 1 Abschnitt 3 Nr. 1 bis 3 (Kategorien A 1.2 bis C) zum Waffengesetz oder von Munition an Personen und den Besitz von solchen Waffen oder Munition durch Personen, die jeweils ihren gewöhnlichen Aufenthalt im Geltungsbereich des Waffengesetzes haben, an die zuständige Behörde;

3. übermittelt die von anderen Vertragsstaaten des Übereinkommens vom 28. Juni 1978 über die Kontrolle des Erwerbs und Besitzes von Schußwaffen durch Einzelpersonen (BGBl. 1980 II S. 953) erhaltenen Mitteilungen über das Verbringen oder das Überlassen der in § 34 Abs. 5 Satz 1 des Waffengesetzes genannten Schußwaffen erhaltenen Angaben an die zuständige Behörde;

4. soll den Erwerb von Schußwaffen und Munition durch die in § 34 Abs. 5 Satz 1 des Waffengesetzes genannten Personen der zuständigen zentralen Behörde des Heimat- oder Herkunftsstaates des Erwerbers mitteilen, sofern Gegenseitigkeit gewährleistet ist; die Mitteilung soll die Angaben nach § 31 Abs. 3 Satz 1 Nr. 1 und 2 enthalten.

(3) Die nach § 33 Abs. 3 des Waffengesetzes zuständigen Überwachungsbehörden übermitteln den zuständigen Behörden die nach § 29 Abs. 3 Satz 3 und nach § 30 Abs. 3 Satz 2 mitgeteilten Angaben.

§ 33 Europäischer Feuerwaffenpaß

(1) Die Geltungsdauer des Europäischen Feuerwaffenpasses nach § 32 Abs. 6 des Waffengesetzes beträgt fünf Jahre; soweit bei Jägern oder Sportschützen in ihm nur Einzellader-Langwaffen mit glattem Lauf oder mit glatten Läufen eingetragen sind, beträgt sie zehn Jahre. Die Geltungsdauer kann zweimal um jeweils fünf Jahre verlängert werden. § 9 Abs. 1 und 2 und § 37 Abs. 2 des Waffengesetzes gelten entsprechend.

(2) Der Antragsteller hat die Angaben nach § 30 Abs. 1 Satz 2 Nr. 1 bis 3 zu machen. Er hat ein Lichtbild aus neuerer Zeit in der Größe von mindestens 45 Millimeter x 35 Millimeter im Hochformat ohne Rand abzugeben. Das Lichtbild muß das Gesicht im Ausmaß von mindestens

20 Millimeter darstellen und den Antragsteller zweifelsfrei erkennen lassen. Der Hintergrund muß heller sein als die Gesichtspartie.

§ 34 Ordnungswidrigkeiten

Ordnungswidrig im Sinne des § 53 Abs. 1 Nr. 23 des Waffengesetzes handelt, wer

vorsätzlich oder fahrlässig

1. entgegen § 7 Abs. 1 Satz 2 oder § 22 Abs. 1 Satz 3 eine Schießübung veranstaltet oder an ihr teilnimmt,

2. entgegen § 9 Abs. 1 Satz 1 auf einer Schießstätte schießt,

3. entgegen § 9 Abs. 1 Satz 3 die Einhaltung der dort genannten Voraussetzungen nicht überwacht,

4. entgegen § 10 Abs. 1 Satz 4 den Schießbetrieb aufnimmt oder fortsetzt,

5. entgegen § 10 Abs. 2 Satz 1 oder 3 oder § 22 Abs. 2 Satz 1 oder 3 oder Abs. 3 Satz 3 eine Anzeige nicht, nicht richtig, nicht vollständig, nicht in der vorgeschriebenen Weise oder nicht rechtzeitig erstattet,

6. entgegen § 10 Abs. 3 Satz 4 das dort genannte Dokument nicht mitführt oder nicht oder nicht rechtzeitig aushändigt,

7. entgegen § 10 Abs. 3 Satz 5 Einblick nicht oder nicht rechtzeitig gewährt,

8. entgegen § 11 Abs. 1 Satz 1 das Schießen nicht beaufsichtigt,

9. entgegen § 11 Abs. 1 Satz 2 das Schießen oder den Aufenthalt in der Schießstätte nicht untersagt,

10. entgegen § 11 Abs. 2 eine Anordnung nicht befolgt,

11. entgegen § 12 Abs. 2 Satz 2 eine Schießstätte betreibt oder benutzt,

12. entgegen § 13 Abs. 1, 2, 3 oder 6 Satz 1 oder 2 Waffen oder Munition aufbewahrt,

13. entgegen § 17 Abs. 5, auch in Verbindung mit § 19 Abs. 5 oder § 20 Abs. 3 Satz 1, oder § 24 Abs. 3 das Buch, ein Karteiblatt oder das Verzeichnis nicht oder nicht rechtzeitig vorlegt,

14. entgegen § 17 Abs. 6 Satz 1, auch in Verbindung mit § 19 Abs. 5 oder § 20 Abs. 3 Satz 1, das Buch oder ein Karteiblatt nicht oder nicht mindestens zehn Jahre aufbewahrt,

15. entgegen § 17 Abs. 6 Satz 2, auch in Verbindung mit § 19 Abs. 5 oder § 20 Abs. 3 Satz 1, das Buch oder ein Karteiblatt nicht oder nicht rechtzeitig übergibt,

16. entgegen § 17 Abs. 6 Satz 3, auch in Verbindung mit § 19 Abs. 5 oder § 20 Abs. 3 Satz 1, oder § 24 Abs. 4 Satz 2 das Buch, ein Karteiblatt oder das Verzeichnis nicht oder nicht rechtzeitig übergibt oder nicht oder nicht rechtzeitig aushändigt,

17. entgegen § 22 Abs. 2 Satz 2 den Lehrgangsplan oder das Übungsprogramm nicht oder nicht rechtzeitig vorlegt,

18. entgegen § 22 Abs. 2 Satz 4 die Durchführung einer Veranstaltung zuläßt,

19. entgegen § 23 Abs. 1 Satz 2 sich vom Vorliegen der dort genannten Erfordernisse nicht oder nicht rechtzeitig überzeugt,

20. entgegen § 24 Abs. 1 ein Verzeichnis nicht, nicht richtig, nicht vollständig oder nicht in der vorgeschriebenen Weise führt,

21. entgegen § 24 Abs. 4 Satz 1 das Verzeichnis nicht oder nicht mindestens fünf Jahre aufbewahrt oder

22. entgegen § 25 Abs. 2 Satz 1 die Durchführung eines Lehrgangs oder einer Schießübung nicht oder nicht rechtzeitig einstellt.

§ 35 (weggefallen)

-

§ 36 Inkrafttreten, Außerkrafttreten

Diese Verordnung tritt am 1. Dezember 2003 in Kraft.

Anlage (zu § 15 Abs. 2 Nr. 2)

Waffen- und Munitionsarten (Fundstelle: BGBl. I 2008, 438 - 439)

1. Schußwaffen und ihnen gleichstehende Geräte

1.1 Büchsen und Flinten einschließlich Flobertwaffen und Zimmerstutzen

1.2 Pistolen und Revolver zum Verschießen von Patronenmunition; Schalldämpfer

1.3 Schreckschuß-, Reizstoff- und Signalwaffen gemäß Anlage 1 Abschnitt 1 Unterabschnitt 1 Nr. 2.7 bis 2.9 des Waffengesetzes

1.4 Signalwaffen mit einem Patronen- oder Kartuschenlager von mehr als 12,5 mm Durchmesser

1.5 Druckluft-, Federdruck- und Druckgaswaffen

1.6 Schußwaffen, die vor dem 1. Januar 1871 hergestellt worden sind

1.7 Schußwaffen und ihnen gleichstehende Geräte, die nicht unter 1.1 bis 1.5 fallen.

2. Munition

2.1 Munition zum Verschießen aus Büchsen und Flinten (1.1)

2.2 Munition zum Verschießen aus Pistolen und Revolvern (1.2)

2.3 Munition zum Verschießen aus Schreckschuß-, Reizstoff- und Signalwaffen (1.3)

2.4 Munition zum Verschießen aus Signalwaffen mit einem Kartuschenlager von mehr als 12,5 mm Durchmesser (1.4)

2.5 Munition zum Verschießen aus Schußwaffen, die vor dem 1. Januar 1871 hergestellt worden sind, und aus sonstigen ihnen gleichstehenden Geräten (1.6 und 1.7).

Das Beschußgesetz (BeschG)

§ 2 Beschußtechnische Begriffe

(1) **Feuerwaffen** im Sinne dieses Gesetzes sind

1. **Schußwaffen**, bei denen ein **Geschoß mittels heißer Gase** durch den **Lauf** getrieben wird, oder

2. **Geräte** zum Abschießen von Munition oder hülsenlosen Treibladungen, bei denen **kein Geschoß** durch den Lauf getrieben wird.

(2) **Höchstbeanspruchte Teile** im Sinne dieses Gesetzes sind die Teile, die dem **Gasdruck** ausgesetzt sind. Dies sind insbesondere

1. der **Lauf**; dabei sind

   a) **Austauschläufe** Läufe für ein bestimmtes Waffenmodell oder -system, die **ohne Nacharbeit ausgetauscht** werden können,

   b) **Wechselläufe** Läufe, die für eine bestimmte Waffe zum **Austausch des vorhandenen Laufs vorgefertigt** sind und die noch **eingepaßt** werden müssen,

   c) **Einsteckläufe** Läufe **ohne eigenen Verschluß**, die in die Läufe von Waffen größeren Kalibers **eingesteckt** werden können;

2. der **Verschluß** als das unmittelbar das Patronen- oder Kartuschenlager oder den Lauf abschließende Teil;

3. das **Patronen- oder Kartuschenlager**, wenn dieses nicht bereits Bestandteil des Laufs ist;

4. bei Schußwaffen und Geräten nach § 1 Abs. 3, bei denen zum Antrieb ein entzündbares flüssiges oder gasförmiges Gemisch verwendet wird, die Verbrennungskammer und die Einrichtung zur Erzeugung des Gemisches;

5. bei Schußwaffen mit anderem Antrieb und Geräten nach § 1 Abs. 3 die Antriebsvorrichtung, sofern sie fest mit der Schußwaffe oder dem Gerät verbunden ist;

6. bei **Kurzwaffen** das **Griffstück** oder sonstige Waffenteile, soweit sie für die Aufnahme des Auslösemechanismus bestimmt sind;

7. **Trommeln** für ein bestimmtes Revolvermodell, die **ohne Nacharbeit** gewechselt werden können (Wechseltrommeln).

(3) **Böller** im Sinne dieses Gesetzes sind Geräte, die ausschließlich zur Erzeugung des Schußknalls bestimmt sind und die keine Feuerwaffen oder Geräte zum Abschießen von Munition sind. Böller sind auch nicht tragbare Geräte für Munition nach einer Rechtsverordnung nach § 14 Abs. 1 Nr. 1. Gasböller sind Böller, bei denen die Erzeugung des Schußknalls durch die Explosion bestimmter Gase bewirkt wird.

§ 3 Beschußpflicht für Feuerwaffen und Böller

(1) Wer Feuerwaffen, Böller sowie höchstbeanspruchte Teile, die **ohne Nacharbeit ausgetauscht** werden können, herstellt oder in den Geltungsbereich dieses Gesetzes verbringt, hat sie, **bevor** er sie **in den Verkehr** bringt, durch Beschuß **amtlich prüfen** zu lassen. Satz 1 gilt nicht für Gasböller, die gemäß § 7 Abs. 1 Satz 1 in ihrer Bauart und Bezeichnung zugelassen sind. Wird eine Feuerwaffe aus bereits geprüften höchstbeanspruchten Teilen zusammengesetzt,

so gilt Satz 1 entsprechend, wenn einzelne Teile zu ihrer Einpassung der **Nacharbeit** bedürfen oder nicht mit dem für diese Waffe vorgeschriebenen Beschußgasdruck beschossen sind.

(2) Wer an einer Feuerwaffe oder einem Böller, die nach Absatz 1 geprüft sind, ein höchstbeanspruchtes Teil **austauscht**, **verändert** oder **instand setzt**, hat den Gegenstand **erneut durch Beschuß amtlich prüfen** zu lassen. Dies gilt nicht für Feuerwaffen, deren höchstbeanspruchte Teile **ohne Nacharbeit** lediglich **ausgetauscht** worden sind, sofern alle höchstbeanspruchten Teile mit dem für diese Waffen vorgeschriebenen Beschußgasdruck beschossen worden sind.

§ 4 Ausnahmen von der Beschußpflicht

(1) Von der Beschußpflicht sind ausgenommen:

1. Feuerwaffen und deren höchstbeanspruchte Teile, deren Bauart nach § 7 der Zulassung bedarf,

2. (...)

3. Feuerwaffen, die

a) zu Prüf-, Meß- oder Forschungszwecken von wissenschaftlichen Einrichtungen und Behörden, Waffen- oder Munitionsherstellern bestimmt sind,

b) **vor dem 1. Januar 1891 hergestellt und nicht verändert** worden sind,

c)

aa) vorübergehend nach § 32 Abs. 1 Satz 1 des Waffengesetzes oder

bb) zur Lagerung in einem verschlossenen Zollager

in den Geltungsbereich dieses Gesetzes mitgenommen werden oder

d) für die in § 1 Abs. 4, auch in Verbindung mit Abs. 5 oder 6, genannten Behörden in den Geltungsbereich dieses Gesetzes verbracht oder hergestellt und ihnen oder ihren Bediensteten im Rahmen ihrer dienstlichen Tätigkeit jeweils überlassen werden, soweit eine diesem Gesetz entsprechende Beschußprüfung durch die jeweils zuständige Stelle sichergestellt ist,

4. höchstbeanspruchte Teile von im Fertigungsprozeß befindlichen Feuerwaffen nach § 3 Abs. 1 sowie vorgearbeitete höchstbeanspruchte Teile und Laufrohlinge.

(2) Eine **Beschußpflicht** nach § 3 **besteht nicht** für Feuerwaffen und höchstbeanspruchte Teile, die das **Beschußzeichen eines Staates** tragen, mit dem die **gegenseitige Anerkennung der Beschußzeichen** vereinbart ist.

§ 6 Prüfzeichen

(1) Feuerwaffen, Böller und deren höchstbeanspruchte Teile sind mit dem amtlichen Beschußzeichen zu versehen, wenn sie mindestens weißfertig sind und die Beschußprüfung keine Beanstandung ergeben hat. Andernfalls sind sie mit dem amtlichen Rückgabezeichen zu versehen. Höchstbeanspruchte Teile, die nicht mehr instand gesetzt werden können, sind als **unbrauchbar** zu kennzeichnen.

Die Beschußverordnung (BeschussV)

§ 9 Aufbringen der Prüfzeichen

(1) Die Prüfgegenstände sind mit dem amtlichen Beschußzeichen nach Anlage II zu versehen. In den Fällen des § 4 Abs. 1 Nr. 3 Buchstabe d des Gesetzes ist das Prüfzeichen der jeweils zuständigen Stelle auf die Prüfgegenstände aufzubringen. Beschuß- und Prüfzeichen müssen **deutlich sichtbar und dauerhaft** aufgebracht werden.

(2) Das **Beschußzeichen** nach Absatz 1 besteht aus dem Bundesadler nach Anlage II Abbildung 1 mit den jeweiligen Kennbuchstaben.

(3) Das **Beschußzeichen** ist **auf jedem höchstbeanspruchten Teil** entsprechend § 2 Abs. 2 des Gesetzes aufzubringen. Als **weitere Prüfzeichen** sind aufzubringen:

1. das **Ortszeichen** nach Anlage II Abbildung 3 auf **einem** höchstbeanspruchten Teil,
2. das Zeichen für die Stahlschrotprüfung nach Anlage II Abbildung 2 **auf jedem Lauf** zum Verschießen von Stahlschrotmunition mit verstärkter Ladung und
3. das **Jahreszeichen** auf **einem** höchstbeanspruchten Teil. (...)

(4) **Jedes** geprüfte **höchstbeanspruchte Teil**, das **einzeln** zur Prüfung vorgelegt wird, ist mit dem Beschußzeichen, dem Ortszeichen und dem Jahreszeichen zu versehen.

(5) Das **Rückgabezeichen** besteht aus dem Ortszeichen und dem Jahreszeichen; vorhandene Prüfzeichen sind durch ein "X" auf oder neben dem Prüfzeichen zu entwerten. Sind höchstbeanspruchte Teile unbrauchbar, so sind sie ebenfalls mit einem "X" zu kennzeichnen.

Das Strafgesetzbuch (StGB)

§ 32 Notwehr

(1) Wer eine Tat begeht, die durch Notwehr geboten ist, handelt nicht rechtswidrig.

(2) Notwehr ist die Verteidigung, die erforderlich ist, um einen gegenwärtigen rechtswidrigen Angriff von sich oder einem anderen abzuwenden.

§ 33 Überschreitung der Notwehr

Überschreitet der Täter die Grenzen der Notwehr aus Verwirrung, Furcht oder Schrecken, so wird er nicht bestraft.

§ 34 Rechtfertigender Notstand

Wer in einer gegenwärtigen, nicht anders abwendbaren Gefahr für Leben, Leib, Freiheit, Ehre, Eigentum oder ein anderes Rechtsgut eine Tat begeht, um die Gefahr von sich oder einem anderen abzuwenden, handelt nicht rechtswidrig, wenn bei Abwägung der widerstreitenden Interessen, namentlich der betroffenen Rechtsgüter und des Grades der ihnen drohenden Gefahren, das geschützte Interesse das beeinträchtigte wesentlich überwiegt. Dies gilt jedoch nur, soweit die Tat ein angemessenes Mittel ist, die Gefahr abzuwenden.

§ 35 Entschuldigender Notstand

(1) Wer in einer gegenwärtigen, nicht anders abwendbaren Gefahr für Leben, Leib oder Freiheit eine rechtswidrige Tat begeht, um die Gefahr von sich, einem Angehörigen oder einer anderen ihm nahestehenden Person abzuwenden, handelt ohne Schuld. Dies gilt nicht, soweit dem Täter nach den Umständen, namentlich weil er die Gefahr selbst verursacht hat oder weil er in einem besonderen Rechtsverhältnis stand, zugemutet werden konnte, die Gefahr hinzunehmen; jedoch kann die Strafe nach § 49 Abs. 1 gemildert werden, wenn der Täter nicht mit Rücksicht auf ein besonderes Rechtsverhältnis die Gefahr hinzunehmen hatte.

Die Strafprozeßordnung (StPO)

§ 127 „Jedermann-Paragraph"

(1) Wird jemand auf frischer Tat betroffen oder verfolgt, so ist, wenn er der Flucht verdächtig ist oder seine Identität nicht sofort festgestellt werden kann, jedermann befugt, ihn auch ohne richterliche Anordnung vorläufig festzunehmen. (...)

Vorbereitende Fragen zur Sachkundeprüfung

Die auf den folgenden Seiten abgedruckten Fragen könnten Ihnen in dieser oder leicht abgewandelter Form in der Prüfung der Waffensachkunde gestellt werden, sowohl im schriftlichen als auch im mündlichen Prüfungsabschnitt.

Die Antworten sind nicht vorgegeben. Vielmehr sollen Sie sich selbst auf die Probe stellen, indem Sie die Frage aufmerksam lesen und verstehen. Erst dann sollten Sie versuchen, eine allgemeinverständliche Antwort zu formulieren und niederzuschreiben. Ergehen Sie sich dabei nicht im bloßen Zitieren von Gesetzestexten, ein erfahrener Prüfer würde dies als Hinweis auf mangelndes Verständnis des Prüfungsstoffes aufnehmen, meist nicht zu Unrecht.

Anhand der entsprechenden Passagen im Lehrbuch können Sie die Korrektheit ihrer Antworten überprüfen. Darum ist es wichtig, daß Sie sich die Mühe machen, jede Antwort schriftlich festzuhalten, denn nur so können Sie Ihre Antworten objektiv bewerten. Sehen Sie die Suche im Lehrbuch auch als Gelegenheit, den gesamten Übungsstoff intensiv zu wiederholen.

Fragen zu waffenrechtlichen Definitionen

Was ist eine Schußwaffe im Sinne des Waffengesetzes?

Was sind den Schußwaffen gleichgestellte Gegenstände?

Wie werden Schußwaffen im Sinne des Waffengesetzes definiert?

Wann ist eine Schußwaffe dauerhaft unbrauchbar gemacht?

Was versteht man unter halbautomatischen Schußwaffen?

Wie unterscheidet das Waffengesetz Langwaffen und Kurzwaffen?

Was versteht man unter einer „verbotenen Waffe"?

Was sind „wesentliche Teile" von Schußwaffen?

Was ist ein Drilling?

Was versteht man unter einem Einstecklauf?

Was bedeutet „Erwerben" einer Schußwaffe im Sinne des Waffengesetzes?

Setzt der Erwerb einer Schußwaffe eine Erlaubnis voraus?

Was bedeutet „Überlassen" einer Schußwaffe im Sinne des Waffengesetzes?

Ist der Verkauf einer Schußwaffe dem „Überlassen" gleichzusetzen?

Was bedeutet „Führen" einer Schußwaffe im Sinne des Waffengesetzes?

Welche Erlaubnis ist zum „Führen" in der Öffentlichkeit erforderlich?

Was müssen Sie unternehmen, wenn Sie eine erlaubnispflichtige Schußwaffe gefunden haben?

Sie sind gesetzlicher Erbe einer Schußwaffe. Was müssen sie tun?

Dürfen Sie während ihres Urlaubs erlaubnispflichtige Schußwaffen zur Aufbewahrung einem anderen überlassen?

Durch wen und wie wird die Zuverlässigkeit einer Person festgestellt?

Wer hat Umgang mit einer Waffe oder Munition?

Wann ist eine Schußwaffe „zugriffsbereit“ im Sinne des Waffengesetzes?

Wann ist eine Waffe „schußbereit“ im Sinne des Waffengesetzes?

Wer benötigt als Sportschütze ein amts- oder fachärztliches oder fachpsychologisches Gutachten?

Fällt das hier abgebildete Bolzensetzgerät unter das Waffengesetz? Begründen Sie Ihre Antwort.

Fragen zum Beschuß und zur Kennzeichnung

Welche Kennzeichnung muß eine erlaubnispflichtige Feuerwaffe mindestens aufweisen?

Welche Bedeutung hat ein Beschußzeichen auf einer Feuerwaffe?

Darf mit einer amerikanischen Schußwaffe mit französischem Beschußzeichen in der Bundesrepublik geschossen werden?

Was bedeutet die Überstempelung eines Beschußzeichens mit einem „X“?

Wann ist eine Schußwaffe erneut zum Beschuß vorzulegen?

Fragen zum praktischen Umgang mit Schußwaffen

Dürfen Schalldämpfer erworben werden? Wenn ja, unter welchen Voraussetzungen?

Was bezeichnet die Zahl „12“ bei dem entsprechenden Flintenkaliber?

Woran können Sie erkennen, welche Munition aus einer Ihnen vorliegenden Waffe verschossen werden darf?

Warum ist die Munitionsbezeichnung „9 mm“ nicht ausreichend?

Wie soll eine halbautomatische Pistole auf der Schießstätte an eine andere Person übergeben werden?

Was versteht man unter Double-Action-Only Pistolen?

Was sollte als erstes geschehen, wenn man eine Schußwaffe übergeben bekommt?

Sie erhalten durch Voreintrag die Erlaubnis zum Erwerb einer Kurzwaffe. Wie lange gilt die Erwerbsberechtigung?

Sie haben in Ihrer WBK einen Voreintrag für einen Revolver .357 Magnum. Ihr Waffenhändler bietet Ihnen zu einem sehr günstigen Preis ein Sondermodell .38 Special an. Dürfen Sie diesen Revolver erwerben?

Wann wird in der Regel eine waffenrechtliche Erlaubnis von der Erlaubnisbehörde widerrufen?

Was muß ein Sportschütze nach dem dauerhaften Erwerb einer Waffe von einem anderen Sportschützen veranlassen?

Was ist zu veranlassen, wenn eine Privatperson einer anderen berechtigten Privatperson eine erlaubnispflichtige Schußwaffe dauerhaft überläßt?

Wie darf eine erlaubnispflichtige Kurzwaffe gelagert werden?

Sie wollen 6 erlaubnispflichtige Kurzwaffen aufbewahren. Welches Sicherheitsbehältnis ist notwendig?

Darf die Erlaubnisbehörde Zutritt zur Wohnung verlangen, um die ordnungsgemäße Waffenaufbewahrung zu überprüfen?

Wann berechtigt die grüne Waffenbesitzkarte zum Munitionserwerb?

Welche Teile erlaubnispflichtiger Schußwaffen dürfen einzeln nur mit einer Waffenbesitzkarte erworben werden?

Welches sind die Voraussetzungen zur Erlangung einer Waffenbesitzkarte?

Wie lange gilt eine Waffenbesitzkarte?

Fragen zum Transport und Mitführen von Schußwaffen

Wie ist eine Schußwaffe von der Wohnung zu der Schießstätte zu transportieren, wenn kein Waffenschein erteilt wurde?

Benötigen Jäger zur befugten Jagdausübung einen Waffenschein?

Unter welchen Voraussetzungen darf Ihnen ein Waffenhändler eine erlaubnispflichtige Schußwaffe zum Ausprobieren ohne vorherige Erlaubnis der zuständigen Behörde überlassen?

Welche Legitimationspapiere sind beim Transport einer erlaubnispflichtigen Schußwaffe durch einen Sportschützen mitzuführen?

Sie wollen den defekten Verschluß ihrer Pistole zum Waffenhändler bringen. Wie nehmen Sie ihn waffenrechtlich einwandfrei mit?

Wie alt müssen Sie als Sportschütze mindestens sein, um eine Büchse (.308 Win.) ohne amts- oder fachärztliches oder fachpsychologisches Zeugnis dauerhaft erwerben zu können?

Wie viele Schußwaffen dürfen Sie als Sportschütze in der Regel innerhalb von 6 Monaten bei entsprechendem Bedürfnis erwerben?

Wie kann ein 19-jähriger Sportschütze seine persönliche Eignung für den dauerhaften Erwerb einer halbautomatischen Pistole .45 ACP gegenüber der Behörde nachweisen?

Fragen zum Schießen und zu Schießstätten

Darf eine verantwortliche Aufsichtsperson am Schützenstand dem Schützen im Rahmen der Ausbildung eine geladene Waffe übergeben?

Wie ist eine Kipplaufflinte auf einer Schießstätte zu tragen?

Darf auf der Schießstätte einem Gastschützen, der nicht im Besitz einer waffenrechtlichen Erlaubnis ist, eine erlaubnispflichtige Schußwaffe überlassen werden?

Was ist beim Schießen mit einer halbautomatischen Pistole hinsichtlich der Schußbereitschaft zu beachten?

Darf unter Alkoholeinfluß geschossen werden?

Ist ein Drilling für das Schießen auf dem Wurfscheibenstand zugelassen?

Wann darf im befriedeten Besitztum außerhalb von Schießstätten ohne Schießerlaubnis geschossen werden?

Fragen zum nichtgewerblichen Herstellen und Bearbeiten von Schußwaffen und Munition

Benötigen Sie eine behördliche Erlaubnis für Änderungsarbeiten an der Visiereinrichtung?

Berechtigt die abgelegte Sachkundeprüfung zum nichtgewerblichen Wiederladen von Hülsen?

Benötigen Sie eine behördliche Erlaubnis zur Änderung des Patronenlagers oder des Laufinneren auf ein größeres Kaliber?

Ist das Anbringen von Bohrungen am Lauf generell zulässig?

Was ist beim Verkürzen des Laufes einer erlaubnispflichtigen Schußwaffe zu beachten?

Fragen zur Aufbewahrung von Schußwaffen und Munition

Wo müssen erlaubnispflichtige Schußwaffen und Munition aufbewahrt werden, damit sie nicht abhanden kommen?

Ist die gemeinschaftliche Aufbewahrung von Waffen oder Munition durch berechtigte Personen, die in einer häuslichen Gemeinschaft leben, zulässig?

Wie sind erlaubnispflichtige Kurzwaffen aufzubewahren?

Wie ist erlaubnispflichtige Munition aufzubewahren?

Welche und wie viele erlaubnispflichtigen Schußwaffen dürfen Sie in einem Schrank der Sicherheitsstufe A nach VDMA 24992 (Stand Mai 1995) dauerhaft aufbewahren?

Fragen zur Not- und Seenotsignalmitteln

Was versteht man unter pyrotechnischer Munition?

Wann dürfen pyrotechnische Notsignale verwendet werden?

Wie ist die Signalpistole im Notfall zu handhaben?

Welche Farbe ist bei Signalraketen international als Notsignal zu verwenden?

Wann sind Rauchsignale zu verwenden?

Wie ist eine Signalpistole an Bord eines seegehenden Wassersportfahrzeuges im Hafen aufzubewahren?

Wie ist an Land eine Signalpistole im Kaliber 4 (26,5 mm) aufzubewahren?

Welche Signalwaffen können frei erworben und an Bord mitgeführt werden?

Woraufhin sind pyrotechnische Seenotsignale ständig zu überwachen, damit die Funktionsfähigkeit gewährleistet ist?

Wie hoch steigen Seenotsignalraketen bei senkrechtem Abschußwinkel?

Wie verhalten Sie sich bei einem Munitionsversager in der Signalpistole?

Wer darf in Seenotfällen mit einer Signalwaffe schießen?

Fragen zur Notwehr

Soll im Notwehrfall vor dem Einsatz der Schußwaffe gewarnt werden?

Muß der Schußwaffengebrauch in den Notwehrfällen unterbleiben, in denen der Angegriffene den Angriff mit milderen Mitteln abwehren kann?

Kann in Notwehrfällen, in denen von der Schußwaffe Gebrauch gemacht werden darf, die Abgabe eines möglicherweise tödlich wirkenden Schusses zulässig sein?

Wie lange besteht die Notwehrsituation fort?

Was versteht man unter „Putativnotwehr"?

Was ist „Notwehrexzeß"?

Was bedeutet „entschuldigender Notstand“?

Was versteht man unter Nothilfe?

Was ist Ihre Pflicht nach einem abgewehrten Angriff?

Eine Person bricht Ihren PKW auf. Sie sehen das vom Fenster Ihres Hauses aus und schießen. Die Person wird dabei verletzt. Wie ist die Situation zu beurteilen?

Fragen zur Waffenkunde

Welche Läufe weisen Züge und Felder auf?

Ist das Feldkaliber im Verhältnis zum Zugkaliber größer oder kleiner?

Was versteht man unter Kaliber?

Was versteht man unter Gefahrenbereich?

Wozu dient der Verschluß?

Was ist ein Einstecklauf und welchen Zweck hat er?

Was ist ein Choke, was bewirkt er?

Was unterscheidet einen Revolver von einer Pistole?

Fragen zur Ballistik

Wie lautet die Faustregel für die Reichweite von Schroten?

Was versteht man unter der Höchstreichweite eines Geschosses?

Wie groß ist die Höchstreichweite eines Geschosses .22 l.r. ?

(Schlagen Sie auch die Gefahrenreichweiten anderer Kaliber nach!)

Was versteht man unter dem Begriff „Außenballistik“?

Was versteht man unter der „Streuung“ der Geschosse?

Was bedeutet der ballistische Begriff „Steighöhe eines Geschosses“?

Was ist und was bewirkt der Drall?